啟動人生新格局的 20個心理學金律

真視是真
Knowledge
Feast Lecture

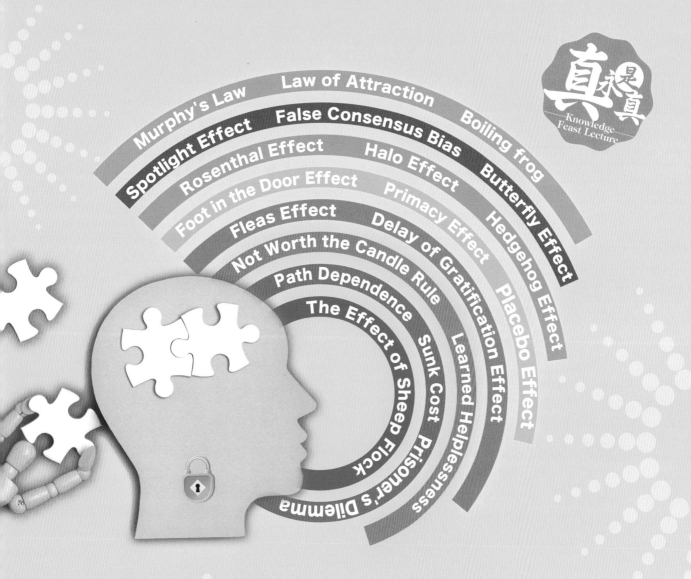

國家圖書館出版品預行編目資料

啟動人生新格局的20個心理學金律/童露, 王晴天, 吳宥忠, 王宣雯, 王芊樺, 王嘉熙, 林美玉, 張素真, 陳梅香, 莊捷安, 郭曉惠, 曾衣宸, 彭莉穎, 溫世君, 蔡明發, 鄭向恩, 盧錫琳, 謝宗龍, 繆繁紅, 嚴家琳, 周馥貞合著 -- 初版. -- 新北市：創見文化出版, 采舍國際有限公司發行, 2024.3 面；公分--

ISBN 978-986-271-989-3（平裝）

1.CST: 成功法　　2.CST: 心理學

177.2　　　　　　　　　　　　　　113000852

啟動人生新格局的20個心理學金律

 創見文化 · 智慧的銳眼

作者／童露、王晴天、吳宥忠、 王宣雯、王芊樺、王嘉熙、林美玉、張素真、陳梅香、莊捷安、郭曉惠、曾衣宸、彭莉穎、溫世君、蔡明發、鄭向恩、盧錫琳、謝宗龍、繆繁紅、嚴家琳、周馥貞

出版者／智慧型立体學習 · 創見文化

總顧問／王寶玲

總編輯／歐綾纖

主編／蔡靜怡

美術設計／Maya

台灣出版中心／新北市中和區中山路 2 段 366 巷 10 號 10 樓

電話／（02）2248-7896　　　　傳真／（02）2248-7758

ISBN ／ 978-986-271-989-3

出版日期／ 2024 年 3 月

本書採減碳印製流程，碳足跡追蹤，並使用優質中性紙（Acid & Alkali Free）通過綠色碳中和印刷認證，最符環保要求。

全球華文市場總代理／采舍國際有限公司

地址／新北市中和區中山路 2 段 366 巷 10 號 3 樓

電話／（02）8245-8786　　　　傳真／（02）8245-8718

 智慧型立体學習股份有限公司

用人生大道理開創新的人生大道

跨時代 | 跨領域 | 融匯古今 | 中西互證

　　書是生命的源泉，是人類進步的階梯，而閱讀最大的目的就是想擺脫平庸，然而愛讀書的人都知道，讀書常有兩個困惑：

　　一是書海浩瀚如煙，常常不知從哪裡入手？

　　二是辛苦讀完就忘了，無法內化成自己的知識以備日後運用！

　　快速接收、快速忘記，是我們這個時代的特徵，因此若能精準解讀書中的重要概念，將其變為精神財富，就能「活用知識」、「活出見識」，擴大認知邊界。

　　王晴天大師以其五十年的人生體驗與感悟，效法孔子有教無類「述而不作」之精神，為您講道理、助您明智開悟！孔子一生致力於古籍的整理，也正因如此，他才有機會接觸到博大深邃的三代理論。他從中汲取到了前人留下的經驗和教訓，並對他們的智慧做出了全面總結，完全體現於其弟子及再傳弟子所著之《論語》一書，蘊涵著豐富大智慧與人生哲理。

　　王晴天大師作為現代知識的狩獵者，平日極愛閱讀，也熱愛創作，是個飽讀詩書的全方位國寶級大師。雖然主修數理，但對文史與學習方法也有極大興趣，每天晚上11點到凌晨2點，為了鑽研歷史、趨勢新知等社會科學，他不惜犧牲睡眠。勤學之故，家中藏書高達二十五萬冊，博學多聞的他在向先賢們學習時，往往有許多新的感悟，與深刻而獨到的見解。時刻對「知」抱持謙虛的態度與情懷，探詢真理背後的真理，在閱讀並深入研究了數十萬本書後，王晴天大師析出了千百個人生必須要了解與運用的大道理，於是率智慧型立體學習知識服務團隊精選999個真理，彙編逾萬本書的精華內容，打造《真永是真》人生大道叢書，透過廣泛的閱讀和整理，內含數十萬種書之精華，並融入了上萬本書的知識點、古今中外成功人士的智慧經驗，期望能超越《四庫全書》和《永

樂大典》，為您的工作、生活、人生「導航」，從而改變命運、實現夢想，成就最好的自己！

《永樂大典》和《四庫全書》都是由當朝聲勢最盛的皇帝號召天下之書上繳，集數千當時最有知識之人完成的宏偉巨著，是國家傾盡當時之全力而成的。

《永樂大典》是因明成祖朱棣覺得天下古今的事物分散記載在各書之中，很不容易查看，便命大學士謝縉組織儒士，編成一部一查便知的大部頭百科全書。動用朝野上下共2169人編寫，歷時六年編修完畢。《永樂大典》彙集了古今圖書七、八千種，上自先秦，下迄明初，包羅萬象，歷史、文學、書法、科技、醫術、農學、戲曲、軍事等領域無所不包，天文地理，人事名物，幾乎將明朝之前數千年的文化書籍全部歸納在其中，是世界上最早、最宏偉的百科全書。其被《不列顛百科全書》稱為「世界有史以來最大的百科全書」，正本11095冊，共約3.7億字，保存了14世紀以前中國歷史地理、文學藝術、哲學宗教和百科文獻，顯示了中國古代科學文化的光輝成就。可惜的是，於1900年八國聯軍入侵北京時，慘遭厄運，絕大部分被焚毀、搶奪，絕大部分已不知去向。《永樂大典》現存殘卷的規模尚不及原書的4%。

與之相對的《四庫全書》是中國古代最大的一部官修書，也是中國古代最大的一套叢書。是在乾隆皇帝的主持下，由紀昀（紀曉嵐）等360多位高官、學者編撰，3800多人抄寫，耗時十三年編成的叢書，分經、史、子、集四部，故名四庫。總共收錄了上自先秦、下至清朝乾隆以前2000多年以來的3500多種重要書籍。包括古代所有的重要著作和科學技術成就。共有7.9萬卷，3.6萬冊，約8億字。由於《四庫全書》內容太多，書的數量也太多，抄錄與校對工作成為編書過程中持續時間最長、花費人力物力最多的工作，僅抄書匠就廣招近4000人，參與古籍收集、整理、編輯的官員更是不計其數。

《四庫全書》是中國古代最大的文化工程，對中國古典文化進行了一次最有系統、最全面的總結，中國文、史、哲、理、工、農、醫，幾乎所有的學科都能夠從中找到源頭和血脈。呈現出中國古典文化的知識體系。《四庫全書》當時共手抄正本七部。因戰火波及，現今只剩三套半，而今保存較為完好的一部是文淵閣版本，現藏臺北國立故宮博物院。

《永樂大典》的編排方式類似於現代的百科全書，分類輯錄（摘抄）古代

文獻，雖然偶爾也有全文收錄的，更多的是截取，再分類編排。《四庫全書》則是叢書，將文獻整本編入，收錄的都是完整的內容。由於明成祖朱棣並沒有對《永樂大典》編纂的具體方式和內容做過多的限制，所以，《永樂大典》是把自古到當時所有的圖書全面搜集，將相關內容一句、一段或整篇、整部書地摘引抄錄下來，甚至同一事物的不同說法也都全部彙編，供人參考。而乾隆皇帝編纂《四庫全書》時是想借修書之機，把全國的書籍進行一次全面、徹底的審查，大量焚毀那些對於清朝統治不利的古籍，並且對於一些涉及到敏感字眼的文章書籍進行大量的篡改。銷毀書籍的總數據統計為一萬三千六百卷，這些被銷毀的書籍有部分被張海鵬編入《墨海金壺》套書中，今人可至《守山閣叢書》中閱覽。《四庫全書》所保留下來的大部分都是清朝皇帝乾隆想要讓我們看到的。由此可知《永樂大典》相對來說是比較客觀且包羅萬象的，可惜大多毀八國聯軍之役。

★ 超越《四庫全書》的「**真永是真**」人生大道叢書 ★

	中華文化瑰寶 清《四庫全書》	當代華文至寶 真永是真人生大道	絕世歷史珍寶 明《永樂大典》
總字數	8 億 勝	6 千萬字	3.7 億
冊數	36,304 冊 勝	333 冊	11,095 冊
延伸學習	無	視頻＆演講課程 勝	無
電子書	有	有 勝	無
NFT＆NFR	無	有 勝	無
實用性	有些已過時	符合現代應用 勝	已失散
叢書完整與可及性	收藏在故宮	完整且隨時可購閱 勝	大部分失散
可讀性	艱澀的文言文	現代白話文，易讀易懂 勝	深奧古文
國際版權	無	有 勝	無
歷史價值	1782 年成書	2023 年出版 勝 最晚成書，以現代的視角、觀點撰寫，最符合趨勢應用，後出轉精！	1407 年完成 勝 成書時間最早，珍貴的古董典籍。

 ## 當代版更先進的四庫全書出版了

這兩大經典巨著，一套已大部分遺失，一套珍藏在故宮，不是我們能輕易擁有的。而智慧型立体學習體系與王晴天博士聯手打造的《真永是真》人生大道叢書，媲美清朝的《四庫全書》，兼顧實用與經濟實惠，人人都能輕鬆擁有！

《四庫全書》是中華傳統文化最豐富最完備的集成之作，其收錄先秦到清

乾隆前期的眾多古籍，內容多是當時代的歷史、國學古籍，然不夠客觀與宏觀，有些已不合時宜，不符現代人所需與運用，珍藏價值大於實用度。

《真永是真》人生大道叢書，將是史上最偉大的知識服務智慧型工程！堪比甚至超越《四庫全書》、《永樂大典》，收錄的是古今通用的道理，談的是現代應用的知識、未來的趨勢……具實用性的人生大道，是跨界整合的知識─涉及了心理學、經濟學、管理學、社會學、賺錢學、經典文學……無所不包，以全世界為範疇，古今中外的所有理論、思想為核心，由於當代2億多種書無法重複抄錄，所以王晴天大師帶領其編輯團隊及各界專家，抽其各領域精華集結成冊，解決您「沒時間讀書」、「讀書速度很慢」、「讀完就忘」、「抓不到重點」的困擾，教您如何跨領域地活用知識，能應用在生活、學習、工作、事業、管理、人際、溝通等不同面向。除了大家耳熟能詳的經典真理、定律之外，科技新趨、經典書籍、電影等文化資產也會選列，例如內捲漩渦、第一性原理、《塔木德》、《為你朗讀》、Web4.0……等。像是第14個道理將帶領讀者走在世界最前端，帶您了解「量子糾纏」。2022年10月4日諾貝爾物理獎得主艾斯佩特、柯羅瑟和吉林哲，三位科學家各自進行糾纏光子（entangled photons）實驗，確立可違反貝爾不等式，大力推進量子資訊科學的研究。他們通過開創性實驗，向世人展示研究和控制量子糾纏（quantum entanglement）狀態下的潛力，為量子技術的新時代奠定了基礎，他們的研究不僅證明了愛因斯坦是錯的，還為今天的量子計算、量子通信等科技奠定了基礎。書中除了解析還教你如何應用、如何全方位融會貫通，提升個人軟實力，落實於生活與事業中！

1 馬太效應	2 莫菲定律	3 紅皇后效應
4 鯰魚效應	5 達克效應	6 木桶原理
7 長板理論	8 彼得原理	9 帕金森定律
10 沉沒成本	11 沉默效應	12 安慰劑效應
13 內捲漩渦	14 量子糾纏	15 NFT與NFR
16 外溢效果	17 檳鈴原則	18 元宇宙
19 零和遊戲	20 區塊鏈	21 第一性原理
22 二八定律	23 Web4.0	24 催眠式銷售
25 蝴蝶效應	26 破窗理論	27 多米諾效應
28 羊群效應	29 長尾理論	30 AI & ChatGPT

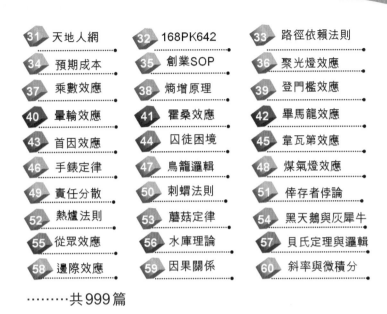

 ## 把大師請回家‧隨時為您解惑！

讀萬卷書，不如行萬里路，行萬里路，不如閱人無數，閱人無數，不如名師指路，名師指路，不如跟隨成功者的腳步，跟隨成功者腳步，不如高人點悟！經過歷史實踐和理論驗證的真知，蘊藏著深奧的道理與大智慧。《真永是真》人生大道叢書不但內容完整，有333冊紙本書、電子書、有聲書，甚至提供Vlog視頻、演講課程，讓讀者能以多元的方式學習現代人應當必懂的真理。書中提及的理論

與原則甚多。這些東西看似深奧難懂，其實在生活中隨處可用，隨時可見。

本書即是「真永是真人生大道」系列的專輯式彩色Mook的第一本：《啟動人生新格局的20個心理學金律》，深入淺出剖析20則潛藏在你身邊、擺布你人生的心理學效應如：蝴蝶效應、吸引力法則、羅森塔爾效應、不值得定律、首因效應……這些經典的心理學定律，被全球累計數億人士運用過，而改變自己的人生！從人際來往，到實現自我價值、培養信念，告訴你人生要怎麼贏；將一個個看似艱深難懂的定律及法則以故事巧妙呈現，你將擁有智者的眼光和深度，了解支配世界和人生的黃金法則，以一種「勝利者」的心態面對生活，成為最好的自己！這套專輯式彩色Mook系列會陸續出版：管理學／經濟學／賺錢學／社會學／創業學……等分類的主題專書。

此外每年的11月晴天大師生日時舉辦「真永是真・真讀書會」知識型生日趴，除了滿是乾貨的最新應用真理與前端趨勢演講，還能享有免費午茶、蛋糕吃到飽，並廣邀各領域領袖大咖與會，有機會與大咖面對面交流，是您一定不能錯過的知識饗宴！有興趣者可掃QR碼或上新絲路網路書店報名。

　　《真永是真》人生大道叢書自2023年～ 2050年期間，將由四代編輯共同完成，本套書將以電子書、有聲書等各式型態多元完整地保留下來，後人若有興趣、意願改編也可以，王晴天博士已聲明將放棄版權，歡迎後人或機構擴編使其更趨完善！

　　透過《真永是真》人生大道叢書，在晴天大師的引導下，帶您一次讀通、讀透上千本書籍，助您將學識提升為智慧，解你的知識焦慮症！讓您不僅能「獲取知識」，更提點您「引發思考」，化盲點為轉機，進而「做出改變」，獲得不斷前進的原動力。這套「真永是真」結合道理與事例，內容深入淺出，敘述流暢，論證有力，藉由實際又生活化的事例，來印證這些道理的價值與實用性。只要一開始閱讀，就會停不下來，只要開始買一本，就會想要收藏全書系。這魔力般的效應，邀請您一同來體會。

智慧型立体學習・創見文化

▲真永是真有聲書在博客來霸屏。

Contents

羊群效應

✥ THE EFFECT OF SHEEP FLOCK ✥

小心！大家都這麼說，不代表就是正確的。

羊群是一種很散亂的組織，平時牠們喜歡紮堆吃草，一旦有一隻頭羊動起來去找另一片草地，其他的羊也會「不假思索」地跟著走，全然不顧前面可能有狼或者不遠處有更好的草。

科學家曾經做過一個實驗：他們在羊圈的出口處，橫放一根木桿，然後驅趕羊群跑出柵欄，第一隻羊跳了過去，第二隻、第三隻也會跟著跳過去；這時如果俏俏將那根棍子移走，後面的羊，走到這裡仍然像前面的羊一樣，向上跳躍一下，儘管攔路的木桿已經不在了，科學家把這種現象叫做「羊群效應」。

2005年7月土耳其發生一件匪夷所思的新聞。土耳其伊斯坦堡小鎮蓋瓦什（Gevas）的牧羊人們放羊吃草，便離開去吃早餐。這時其中一頭羊莫名其妙地跳崖自殺，原本在一旁邊吃著草的羊群竟也跟著一起跳崖。牧羊人只能眼睜睜地看著其他近1500頭羊一隻接著一隻跳下懸崖。根據當地媒體報導，這起跳崖事件造成共450隻綿羊死亡，在山腳下堆積成白色的小山。動物學家指出，這是因為綿羊的智商非常低，而且有跟隨帶頭者行動的「盲從」行為模式，很容易因為一部分羊開始移動，其他羊隨之盲目跟隨，頭羊往哪裡走，後面的羊就跟著往哪裡走。

羊群效應，是指傾向於放棄自我意見而隨大流，以此來感到安全和防止衝突。在群體中，人們往往會因為某些原因被迫放棄自己的判斷力，而隨著大眾而行，所以羊群心理又被稱為「從眾心理」。

🎯 羊群效應：別被潮流牽著鼻子走

生活中的從眾行為無處不在。比如——

✅ 看到有人投資股票賺翻了，大家就一窩蜂都去炒股，結果賠得傾家蕩產。

✅ 學生報考大學填志願時，看到做工程師很賺錢、半導體業很熱門，就一窩蜂地選資工系、電機系；

✅ 聽人家說公務員工作穩定是鐵飯碗，就紛紛去考高普考；

✅ 會議上老闆表達了意見，其他人也不敢表達其他建議，並開始隨聲附和。

✅ 當下流行什麼風格的服飾，消費者就會追隨這種流行，當「迷你裙」流行時，年輕少女甚至中年婦女都一窩蜂地趕時髦……

商場裡有兩家拉麵店，一家排了很長的隊，另一家則冷冷清清，消費者往往是寧願排隊也不去門店冷清的拉麵店。只要是人多的地方，人們就往那裡擠，只要有人上網分享PO美食、秘境，就跟著往那裡去，他們總是心想：這餐館一定不錯，否則為什麼會有那麼多人願意排隊，於是不知不覺自己也加入了排隊的行列，助長了排隊的人龍，這就是從眾效應！

很多時候人們會隨大流，往往是為了安全感，而不是為了正確，對於沒把握的事情人們會更傾向於在群體中得到庇護，因此團體內成員的行為往往高度一致。

🎯 阿希的「從眾」心理試驗

美國社會心理學家所羅門・阿希（Solomon Asch）在1951年招募了一批志願者來到斯沃斯莫爾大學（Swarthmore College）的實驗室裡，參加一項有關於人類行為的研究。

是一個比較線段長度的測試。將兩張卡片交給一群受測者，告知他們將進行一個視覺測試（一群人中只有一個是真正的受測者，其餘都是刻意安排的樁腳）。每次向受測者呈現一組兩張卡片，一張畫有1條直線，另一張畫有3條不同長度的直線（參見右圖），要受測者指出第一張卡片中的直線（標準線X），和第二張卡片中ABC中的哪一條等長。卡片中的線條長短差異很明顯，正常人很容易就能做出正確判斷：如圖所示X和C是等長的。

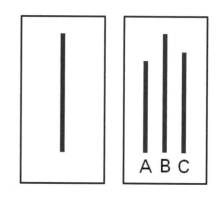

實驗安排只有一位是真正的受測者，其他六人是阿希在事前為配合實驗而故意安排的「托兒」，讓真正的受測者在這六人之後作答，藉此觀察被試的反應是否發生從眾行為。一開始的前兩次測驗，所有的受測者都回答出正確答案。從第三次開始，那六位「樁腳」故意異口同聲說出錯誤答案，輪到最後一位受測者回答時，他開始覺得很困惑、左右為難，因為他的眼睛明顯地告訴他別人的答案是錯誤的，他應該說出他眼睛判斷出的那個答案，但最終他還是小聲地說出了和其他人一樣的錯誤答案。

🎯 實驗證明：3/4的人會盲從

經過大量的重複實驗，其結果令人震驚，即使答案很明顯，但在三分之一的情況中，受測者會遵從團體的不正確答案，在十八次實驗中，共有十二次樁腳會提出錯誤答案，造成76%的受測者至少遵從群體一致的回答了一次錯誤答案；勇於說出正確答案的比例只有24%。這就說明，明明答案是顯而易見的，但是在從眾心理的影響下，許多人寧願去選擇錯誤的答案。因為他們在當時面臨了強大的心理壓力，這些心理壓力來自群體，而使得個人判斷容易動搖。只有四分之一的受測者能夠堅持自己正確的意見。

阿希還發現，如果是要求受測者單獨判斷線條時，也就是現場只有他一人，沒有受群體影響，他們往往能輕鬆地說出正確答案。

阿希的實驗說明了：人們多少都畏懼於標新立異，尤其是受到群體的引導或壓力時，更容易懷疑自己的判斷，他們情願追隨群體的意見，即使這種意見與他們的意見相互牴觸（從自身感覺得來信息與群體得來的信息有差異）。群體壓

力導致了明顯的趨同行為，進而改變自己的觀點或行為，以保持和其他人一樣的意見，這種心理變化就是「從眾效應」在作祟。而實驗表明只有很少的人保持了獨立性，沒有被從眾，所以從眾心理是大多數人會有的心理現象。

你能對抗群體思維嗎？

人類和羊群有共同之處——喜歡盲從他人，也就是俗話說的「人云亦云」，意思就是人們在某些場合和時候，寧可相信群眾的無知行為，也不敢相信自己的真知灼見。

國王的新衣這個故事大家都耳熟能詳，兩個騙子睜著眼說瞎話，跟國王說他們能織出一種很特殊的布料，這種布是智慧不足或不適任目前工作的人所看不到的。於是新衣縫製完成後，國王沾沾自喜地「穿上」了一件「凡愚蠢和無能者都看不見」的新衣。大臣為了掩飾自己的愚昧也跟著說看到了一件華麗的衣服，連國王自身也不敢承認他所見和感覺的。國王興沖沖地到街上遊行，沿途所有的百姓們並不知道原委，卻也心照不宣地跟著大臣們恭維著國王的新衣，只有一名小孩子不解地說：「國王並沒有穿衣服啊！」

大臣和百姓們為什麼不說出真話呢？因為從眾心理，群體壓力會使他們做出從眾選擇，迫於權威或集體的壓力，跟著人云亦云，失去了自己的思考力和判斷力。發生從眾行為是因為個人在群體中受到訊息上和規範上的影響。

⭐ 資訊不足的影響：

經驗使人們認為，多數人的正確機率比較高，尤其在陌生情境中，我們會將他人視為指導行為的資訊來源，因此跟隨他人而行動。而容易出現資訊式影響的條件有：情境曖昧不明時；狀況危急時；認為其他人是專家。通常模稜兩可的情況下，自己對資訊或現況的掌握沒有把握，就越發相信多數人，越從眾。而生活的經驗法則也告訴我們，這麼多人都在做同一件事，一定有他的理由，這麼一大群人，一定掌握了一些我所不知道的資訊，所以跟著做總沒錯。

⭐ 群體規範的影響：

大部分人會從眾的原因是受到社會中「融入團體」約定俗成的規範，為了獲得他人接納或喜愛而盡可能地跟隨大眾的行為，與群體保持一致性。群體中的個人往往不願意違背群體標準而被其他成員視為越軌者，害怕與眾不同而成為「一匹離群之馬」，遭受孤立，害怕特立獨行而會選擇主流陣營，所以不論是否認同群體的決策與行動，身在群體中都會感到一股「不能和大家不一樣」的「社會壓力」，而採取多數人的意見。

🎯 追隨者的心理──從眾效應

從眾是指個人受到外界人群行為的影響（引導或施加的壓力），而懷疑並改變自己的觀點、判斷和行為，朝著與群體大多數人一致的方向變化。也就是人們所說的「隨大流」。看到很多人在排隊時，通常人的心理會產生一種錯覺：「那一定是好東西」、「CP值很高」，不然不會有這麼多人搶，然後也跟著排隊起來。2018年台灣「衛生紙之亂」就是源自於，當人們看到身邊的人都在搶購衛生紙的時候，即使並不缺乏衛生紙的人也會去四處搶購。Crocs洞洞鞋流行時幾乎是人人都

有一雙，成為家喻戶曉的鞋款。有人說它是「世上最醜」鞋子，卻是越醜越愛，越流行。

為什麼人們都喜歡從眾，也就是跟風呢？簡單來說大致有以下原因：

1 追求正確

人人都不希望做出錯誤的決定，因為當下擁有的情報不足以判斷究竟怎麼做才是「比較好的」。所以只好參考別人的想法和行為，做出自己認為「正確」的行動。當人們沒有信心做出自認為「正確」判斷的時候，幾乎都會受到其他人的判斷影響，而改變自己的認知。如果你對某個領域很熟悉，也很專業，基本上你就不會盲從。因為知識經驗豐富，掌握的信息越多的人就越自信，就越不容易從眾。但如果一個人擁有很多知識，但卻缺乏自信，那麼即使他很專精某個領域，也還是會從眾的。因為對自己的判斷缺乏信心，就會跟隨多數人的意見以求得安心。

2 不想被孤立，追求一致性

從眾，有時不是為了追求正確，而只是為了展現相似，希望獲得群體的接納。我們都是社會性的動物，天生喜歡隸屬於群體、維持和諧的人際關係，這樣做會讓我們有安全感。所以個人在面對一致性的群體時所面臨的心理壓力是非常大的，也就產生了從眾心理，認為只有跟別人一樣，才能跟別人屬於一個群體，才不會被認為是異類而被孤立起來。與群體成員保持一致可以使人更容易被其它成員接受。而且待在團體中，也會讓人感到安全、有歸屬感，所以擔心被排擠的同儕壓力，也是讓人選擇從眾的因素之一。當群體凝聚力越高，個體對群體的依附心理就越強烈，越容易對自己所屬群體產生強烈的認同感。

3 欠缺獨立思考的能力

別人都這樣做，我也這樣做。因為人在社會群體中容易不加分析地接受大多數人認同的觀點或行為。當一個人不清楚一件事情到底是對是錯的時候，因為怕失敗，或面對的問題難度過高，沒有把握，他就會想當然地以為多數人的

選擇都是對的。

④ 缺乏責任感

　　研究表明，如果人們需要對選擇承擔責任，會增加從眾的可能性，因為人們往往會有法不責眾的錯覺，從眾除了可以帶給人安全感，更可以掩蓋自己的缺陷並且迴避責任。比如，在郊區的小路口過馬路時，當有一個人闖紅燈時，其他的路人也都會跟著闖。因為他們會認為反正不是只有我犯錯，這麼多人都闖紅燈，總不至於這麼多人都要被罰吧，這也就是心理學上的「責任分散」現象。畢竟跟著別人的步伐走，不需要自己冒險，強化了人們的安全感。

⑤ 群體壓力

　　你有沒有曾經因為團隊裡瀰漫某種共識而在表達異議時覺得困難？會不會為了得到群體認可而沒了主見而從眾？若團體中有非常相似的價值觀與成員背景，彼此又有高度的凝聚力，這個現象就會更嚴重。一個群體如果具有以下特徵，則更容易導致從眾行為：由專家組成其成員對個體來說是重要的其成員在某一方面和個體是類似的。如果一個團體的凝聚力、權威性高，成員比較容易依賴團體，認為其他成員的意見價值較高；權威在群體中會表現得威信特別高，或專業特別強，哪怕不是領導，大家也都特別願意聽他的。

　　排隊在心理學裡就是一種「從眾效應」，因為當訊息不是那麼明確時，人在群體中會表現出明顯地從眾行為，認為大多數人的選擇就是正確的，多數人的選擇本身就是一種具有說服力的證據。通常在我們拿不定主意，情況又曖昧不明時，就會認定他人所採取的行動是正確的。而且越多人採取同一個行動，就越證明這個行動正確。「如果那麼多人都在做同一件事，那不可能有錯！」

如何才能避免從眾行為，理性抉擇呢？

日常生活中我們「從眾」而不自知；我們「媚俗」而不自覺，於是「人云亦云」；而我們要如何避免陷入「羊群效應」的陷阱，減少從眾心理的影響，在面臨個人選擇時不被大眾的觀點所左右。

① 充實專業知識

造成從眾心理的主因在於「資訊不足」，破解之道就是培養終身學習與閱讀正確書籍的習慣。只有多方面提高自己的能力，努力學習，增長知識，多普及社會常識，儘量理性化，並鍛鍊自己的判斷力，凡事養成獨立思考的習慣，提高自己對人、對事的辨別能力，只有自己強大了才有能力在一件事情上做出判斷。學習專業知識可以減少從眾心理，如果你什麼都不會，就只有隨大流的份。在比特幣剛剛出現的時候有人在十元或者幾百元低價的時候買入了比特幣，但在稍稍獲利之後便人云亦云地跟著拋售了，哪裡知道在最高峰時比特幣一度漲到了 68,991 美元一個。而那些有獨立思考能力的人，能夠堅定地持有，挺過熊市，將比特幣一直持有到了現在，從而實現了財富自由。

② 認清自己

認清自己是由於壓力還是考慮到現實情況而追隨他人的，這有助於我們正確地運用從眾，避免盲目從眾。一定要了解自己所處的環境和狀態，充分分析自己的優點和缺點。在做決定時，你的重心應當放在客觀事實上，而不是別人是怎麼想的。所以，當你在排隊，或是想要去排隊時，不妨試著思考：我是真的需要這些東西嗎？還是僅是想要，或只想跟著別人做一樣的事。

③ 堅持獨立思考

我們在日常學習、工作和生活中，要注重培養獨立思考、自主創新的能力，

而不是人云亦云。在決策或是商議問題的時候多聽聽不同的聲音，鼓勵不一樣的聲音，用多種多樣的形式鼓勵每一個人從多個角度分析問題、各抒己見，這樣人們的自主思維就會逐漸增強，做到不盲從、有主見、理性化。明確自己要做什麼，並為此付出努力，一旦行動起來，你會變的非常勇敢，敢於打破群體的壓力，表現出自己獨立的一面。當獨立思考出現了，就越能為自己的行為負起責任，也越不容易被他人牽著走，縱使再有不得不從眾的時候，我們也能知道自己這麼做是為了什麼。

④ 破除權威定勢

我們必須認識到權威的存在是一種正常現象，但對權威的過分尊崇和盲目追隨只會帶來惡果。生活中人們對權威意見的一味順從很容易導致在決策上的重大失誤。因此我們要時刻警醒，做到破除對權威的迷信和盲從，不能將權威的意見視為唯一，在發現與權威不相符的過程中，大膽假設，小心求證。要培養看待問題的能力，既要考慮多數人意見和做法，也要有自己的思考和分析，從而使自己的判斷能夠正確，並以此來決定自己的行動。

⑤ 加入一個優秀的團體

外界環境很難改變，如果你正在處於一個糟糕的環境，從眾不可怕，你身邊糟糕的環境才可怕。改變世界很難，但你可以去一個優秀的環境去見更多優秀的人。所以解決方法就是嚴格挑選身旁正確的人際關係，以及加入的團體。當你身邊有一群人在看書、健身，做各種積極向上的事情時，你會受到他們的影響，開始慢慢嘗試這些對自己有益的事情。當身邊人亂扔垃圾，不愛衛生、愛說謊時，你也會受到他們的影響，慢慢開始做一些不良影響的事情。選對朋友圈不但可以避免接收到錯誤訊息，還可以學習他人的經驗智慧，擴大視野，避免盲目自信。積極的從眾效應會激勵團體中的每一個人，從而讓每個人都做出對自己、團體有益的事情，逐漸形成一個正向迴圈。

⑥ 富有創新精神

創新就是在特有經驗和前人經驗的基礎之上，隨著市場因素的不斷變換，而改變自己思維方法。創新和守舊就只差很小的一步，其實這一步就是市場變化，或是環境變化。要想借鑑既有經驗，或是準備按照特定思維行事之前，一定要知道，這種方法、這種經驗是在哪一種情況下所得到的。如果情況發生變化，就應該加上環境變數來思考。盲從者成為「奴才」，創新者才能成為「主人」跟在別人後面，永遠成不了贏家。

羊群效應警醒著我們對他人的信息不可全信也不可不信，凡事要有自己的判斷。因為大家都熱衷於摹仿領頭羊的一舉一動，難免欠缺長遠的戰略眼光，總覺得與大眾背道而馳是不明智的選擇，但卻不知這樣會讓自己陷入危險境地。社會需要獨立思考者，需要創造性人才。勝利總是青睞於那些不墨守成規獨樹一幟之人，與眾不同才能更好地做自己。

🎯 在商業銷售中的應用

對企業而言，羊群效應最常被應用在商業銷售上。當一件商品越熱銷，消費者對該商品的觀感就越好，如廣告或文宣，都喜歡呈現「一大群人」的歡樂氣氛，或者某些產品廣告喜歡強調全球有一半以上的人正在使用他們的產品。這些都是為了利用「社會證明」原則，來說服你消費。因此，抓準人們的從眾心理，可以進一步引導他們如何做選擇。以下是常見的操作方式：

① 製造「流行」

線下哪裡排隊人多，線上哪款銷量最高，人們就會默認為哪個產品好，所以，會透過突顯客戶規模來引導。因此有些店家會故意製造店裡大排長龍的景象來影響客人購物的決策，吸引來客數。如果你是餐廳老闆，可以設計製作「人氣排行榜」，引導顧客點餐，因為人們會認為排行榜前幾名的餐點，已經受過大眾

認證，具有一定的品質；店家也可以據此更精準進貨和控管成本。所以利用消費者的從眾心理能夠製造時尚潮流來引導消費，實現銷售。這種趕流行的「從眾效應」不僅存在於普羅大眾，就是上層社會裡的貴婦士紳，也存在著這種效應，我們姑且叫它為「名牌效應」。

② 「名人代言」，意見領袖

廣告為什麼喜歡用明星？因為其眾多粉絲會因為「偶像」的推薦而使用。大多數品牌都會請明星為自己代言，就是從「領頭羊」入手，打造自己的流行趨勢。另外社群大咖大V、網紅的信息，通常會有無數人追從，儼然成為意見領袖，這個力量也不容忽視。有些機構或人員會強調自己與某些大企業的合作，來強化自己的能力和成功的機率，以吸引跟隨者。

③ 製造專業權威形象

金融從業人員，如理專、理財顧問、保險業務員，在銷售時喜歡使用「聽起來」很專業的術語，如 α 值、β 值、夏普指數，來讓你「誤以為」他很專業、懂得很多，而你則什麼都不懂，藉此讓你更容易順從他的銷售行為。

④ 隔壁老王的故事

銷售中經常用到的是提及銷售對象認識的很多人也在使用這個產品，讓他覺得自己「不用就落伍了」，或者「那麼多人都在用，效果不會差」的判斷。而奢侈品大家都知道品質是特好，不容置疑，但因其是奢侈品價格自然也很高。若是好好利用消費者的從眾心理就可以讓奢侈品也熱銷起來，如iPhone，因為同事、朋友都在用，進而會讓你也想買iPhone手機。所以，我們會發現商家會想盡辦法讓你分享他家的產品，讓你成為小圈子裡的頭羊，帶動你身邊的跟隨羊。也就是說先有人那樣做或那麼說，不管對與錯，就有人跟著那麼做、那麼說，跟著做或說的人越來越多，加上媒體的推波助瀾，就會形成了一股流行。

路徑依賴法則
⟡ PATH DEPENDENCE ⟡

選擇正確，就等於成功了一半。

　　第一位明確提出「路徑依賴」法則的是美國經濟學家道格拉斯‧諾斯（Douglass C. North），由於他以「路徑依賴」理論成功地闡釋了經濟制度的演進規律，而獲得了1993年的諾貝爾經濟學獎。

　　諾斯考察西方近代經濟史後，發現一個國家在經濟發展的歷程中，制度變遷存在著「路徑依賴」現象。其所說的「路徑依賴」是指人類社會中的技術演進或者制度的變遷，均有類似於「物理學中的慣性」。一旦人們選擇進入某一路徑，就可能對這種路徑產生依賴，而無論這種路徑是好是壞，慣性力量將促使人們朝著既定方向前進，並在過程中不斷自我強化這個路徑的選擇，這意味著要改變前進方向並不容易，因為人們會企圖以各種方式證明自己的選擇是正確的。

　　更進一步來說，「路徑依賴」指的是一種制度一旦形成，不管它是否有效，都會在一定時期內持續存在，並且影響之後的制度選擇，好似進入一種設定好的路徑，制度變遷只能按照這種路徑走下去，而往往好的路徑會產生正向回饋作用，使得情況朝向良性發展，與此相反的，不好的路徑便產生負反饋作用，導致情況發展可能被鎖定在某種低層次的狀態。

　　「路徑依賴理論」最初用於經濟領域，是指一個國家、組織、公司一旦選擇了某種制度，由於受到規模經濟（Economies of scale）、學習效應（Learning Effect）、及適應性預期（Adaptive Effect）等因素影響，導致該制度會沿著既定的方向不斷自我強化。

馬屁股決定火車軌道的寬度

　　你知道嗎？今日現代鐵路兩條鐵軌間的寬度標準是4.85英尺（ft），大約為1.435公尺，其實早在兩千年前便已經決定了。這一標準的來由是最早發明火車的英國的鐵路標準，而美國的鐵路原先是由英國人建造的。而這批英國工程師原先專長是建造電車，於是設計時便採用了英國電車的車軌規格。至於英國電車的車軌間距為何制訂在4.85英尺？因為最先造電車的人是製作馬車的，所以沿用了馬車的輪距標準，那麼馬車的輪距標準是怎麼確定的呢？是根據英國老路上的轍跡確定的。當時路上轍跡的寬度是4.85英尺，而這個車轍的寬度又是怎麼來的呢？曾經的羅馬帝國所向披靡，車轍所碾之處，盡收麾下，羅馬人為了方便自己的戰車通行，所到之處修建了大量的馬路。在歐洲，包括英國的長途老路都是由羅馬人為他們的軍隊所鋪設的。所以4.85英尺正是戰車的輪距寬度，那為什麼是4.85英尺這個數字呢？原因也很簡單，這是牽引一輛戰車的兩匹馬屁股的寬度。

　　附帶一提的是，美國太空梭燃料箱的兩旁有兩個火箭推進器，這些推進器建造完成後要靠火車運送，路上又要通過一些隧道，而這些隧道的寬度只比火車軌道寬一點，所以火箭推進器的寬度只能比照鐵軌的寬度來製造。馬屁股的寬度決定了鐵軌間的距離，鐵軌間的距離決定了隧道的寬度，隧道的寬度則影響了火箭助推器的寬度。結論就是：路徑依賴導致了美國太空梭火箭助推器的寬度，竟然是兩千年前便由兩匹馬屁股的寬度所決定的。你想像得到嗎？

　　透過上述的例子，我們不難發現路徑依賴定律產生的影響力。「路徑依賴」理論被總結出來之後，人們將它廣泛應用在職業選擇、消費決策和生活習慣

等方面。在一定程度上,人們的一切選擇都會受到路徑依賴的影響,人們過去做出的選擇決定了他們現在可能的選擇,人們關於習慣的一切理論都可以用「路徑依賴」來解釋。

路徑依賴形成原因

 1 歷史選擇

偶然的歷史事件決定了制度變遷走上那一條路徑,一旦進入發展過程,影響不斷放大。如受歷史事件的層層鎖定,現代鐵軌的標準寬度相當於古代兩匹戰馬屁股的寬度。

2 轉換成本

轉換成本實際上是獲取、學習和使用一種新技術的機會成本。當已經習慣了某種狀態和環境後,就會進入一種舒適區,從而對這種舒適區產生依賴性,被天生的惰性套牢,再也不願意輕易做出改變。例如,如果你想轉行,之前的經驗將全部歸零,必須重新學習新知識,工資下調,轉換成本極高。重新選擇意味著必須在已經擁有的東西和想要得到的東西之間做一個取捨。但想得到的東西畢竟還是個未知數,要去賭一個未知的明天,而且重新選擇會喪失許多既得利益,人們通常會為了眼前利益放棄長遠利益,只看眼前不顧未來。例如技術具有專用性,一旦用戶轉向了另外一種技術,那麼在原有技術上的投資就幾乎沒有任何價值。比如說柯達。

人們為什麼會有路徑依賴的行為呢?因為大腦的自我保護意識會讓自己「自動化的去選擇」曾經嘗試過的事物,或者走過的路,而不會選擇陌生的賽道,是為了避開風險。

以下分享一個猴子實驗的故事:1967年科學家高登・史戴森(Gordon R. Stephenson)發表「猴子、香蕉、噴水」實驗。

五隻猴子關在一個籠子裡。有一根香蕉吊掛在天花板上,香蕉的下方有一個梯子。當一隻猴子爬上梯子,研究人員會用冰水柱噴向那隻猴子,同時也噴

其他四隻猴子。接著，其他四隻猴子一一嘗試後，發現都會被水噴。於是猴子們達成共識：別去動香蕉。

當五隻猴子都從「拿香蕉會被噴水」學到教訓後，實驗人員把一隻猴子釋放，換上新猴子A。A看到香蕉準備爬上梯子去拿，結果被其他猴子猛揍。A試了幾次，每次都被暴打。猴子A因此「學到不可以靠近梯子」。但牠完全不知道為什麼不可以？後來實驗人員又釋放一隻舊猴子，換上新猴子B。B看到香蕉，立馬去拿，結果也被其他猴子圍攻。

實驗繼續下去。最後籠子裡第一批的舊猴子都被換走了，之後進來的五隻猴子都不曾被水柱噴過，牠們不知道有噴水的懲罰，但誰也不敢去動香蕉，也不知道為什麼，只知道去拿香蕉就會挨揍……

這是為什麼呢？因為我們每一次的行動，都在強化我們的動機，而這種動機越來越大，就容易形成慣性。

孔子說過一句話：「少成若天性，習慣如自然。」我們每個人當下產生的結果，都是以前的路徑和決定造成的，同時現在所做的事情也直接會影響到未來三～五年的選擇。一旦人們做了某種選擇，猶如走上了一條不歸路，慣性的力量會使這一選擇不斷自我強化，並讓你輕易走不出去。也就是說，一旦進入某一路徑，無論是「好」還是「壞」，便極有可能會對這種路徑產生依賴，被這種依賴性給「鎖住」。

「路徑依賴」存在很強的自我強化效應和鎖定效應。也正是因為這兩種效應把人們牢牢地套在了既有的路徑之中，不想改變，也不敢改變。

自我強化與鎖定作用

好的路徑通過不斷的自我強化，會變得越來越好，自然會吸引人們毫不猶豫地走下去。猴子的故事就是路徑依賴的自我強化效應。後來實驗人員和噴水的懲罰都不再介入，而新來的猴子卻固守著「不許拿香蕉」的規矩，這就是路徑依賴的自我強化效應。

技術的演變就遵循自我強化、累積的特徵，一旦達到某個臨界點，系統

便陷入鎖定狀態，出現報酬遞增、正反饋、自增強現象。例如新發展起來的技術常常可以憑藉搶先的優勢地位，利用巨大規模效應降低成本，利用學習效應、協調效應、網絡效應，越來越流行，實現自我增強的良性循環。例如美國NASA的火箭技術非常先進，就會建立技術路徑，強者恆強，其它國家如果想追趕上將非常難。不僅是火箭技術，包括汽車產業、高科技技術、台積電的半導體技術均是如此。

此外，隨著產品用戶數量的增加，該產品變得更有價值，就會進一步吸引更多的消費者選擇這種產品，當達到一定的網絡規模，就會變成強者更強，弱者更弱，導致贏者通吃的結果。比如line、IG，很多人都在用，你不用都不行。

好的開始是成功的一半。當你選對了一條好路，資源會慢慢的增加，形成一個正向的成長圈。時間越長，經歷的事情鎖定性就越強，然後就會產生巨大的慣性，不斷的推著自己去前進。好的路徑能夠對團隊，組織，市場起到正向反饋的作用，通過慣性和衝擊力，產生飛輪效應，因此走向「良性的循環」。不好的路徑會對企業起到負反饋的作用，就如厄運循環，企業可能會被鎖定在某種無效率的狀態下而導致停滯。

經濟和政治制度的變遷若是進入良性循環的軌道，可以達到迅速優化；但也可能順著原來的錯誤路徑往下滑，導到在痛苦的深淵中越陷越深，甚至被「鎖定」在某種無效率的狀態之下，猶如厄運的循環，一旦進入鎖定狀態，就像溫水煮青蛙，很難跳出了。

柯達就是典型例子。柯達的路徑依賴是很難捨棄傳統底片市場的巨額利潤，即便看到了數位相機技術廣闊的未來，始終捨不得傳統底片市場的壟斷地位，感覺是被鎖定了一般，無法脫身。柯達的高層固執地守住既得利益，又缺乏對趨勢的前瞻性分析，阻礙事情被修正的機會，沒有及時合理優化公

司組織架構及經營戰略，只能無奈地將柯達帶入深淵。

路徑依賴效應帶來的啟發告訴我們「不要做舒適區炫技的小猴子」，人們容易對成功的經驗產生依賴，當有更優良的技術出現時，很難割捨原有技術帶來的豐厚利潤，最終將陷入惡性循環，難以自拔，被競爭對手超越。

利用「路徑依賴」，助力成長

路徑依賴法則帶給人們的啟示是，人生中的每次選擇，通常會影響到下一個選擇，每個選擇又都影響著人生往後的發展，但是沒有人能確保自己永遠做出正確選擇，有時由於時空條件的轉換，也會使人面臨必須另做選擇的局面，而路徑依賴定律提醒我們，事情的理想狀態是一開始就做出明智選擇，正所謂「好的開始是成功的一半」，如果發現走錯路徑、不滿意當下狀態，最有效的解決方式是：打破路徑依賴，走出新局！方法如下：

❶ 盡可能讓事物有好的開端

要想路徑依賴的負面效應不發生，那麼在最開始的時候就要找準一個正確的方向。做好了你的第一次選擇，你就設定了自己的人生。

常言道：「萬事起頭難。」路徑依賴法則告訴我們，對每一件事而言，擁有一個好的開始非常重要，只要方向正確，自我強化效應將讓情況持續地良性發展。以個人來說，每個人都應根據自己的特長、環境條件、才能、素質、興趣等等，確定自己的人生進攻方向，當你鎖定一個目標後，確立良好的開端，朝此邁進，可以提高目標實現的機率。正向的行為會讓自己在垂直領域「持續的深耕，越鑽越深」，最終你將成為一名專家或者領袖。

2 強化自己的能力

不斷強化自己核心能力或專長，人的成長本質就像遊戲關卡一樣，要不斷地解鎖，如果你知道未來要走這麼多的「關卡」，為什麼不早點做好準備呢？還要時刻警醒自己：我的工作會不會被時代淘汰？我的工作會不會被機器人取代？時刻保持學習的狀態，時刻準備向更高的方向邁進。將「核心競爭力」當做本職技能學會，經過大量時間刻意練習之後，再有意識地拓寬其他「面」。讓自己保持「開放的心態」，對未知領域多去嘗試各種方法，累積經驗，當別人需要自己幫助，或者協助完成某項工作的時候，內心不要有「為什麼要找我幫忙，我還有工作沒做，要不要找個理由推掉」這樣的抗拒想法，而是要「主動接納和學習」。這樣長期下來，你會發現自己從別人身上學到很多額外的經驗和技能，隨著每一次完成工作或解決問題，路徑依賴理論就會更加強化你的信心、成功經驗、智識等，而日益強大，能夠解決一般人無法解決的問題，直面任何挑戰。

3 培養良好的路徑習慣

優秀源於好習慣，而不是強大的自制力。「優秀人的善於養成好習慣」，遇到棘手問題，運用習慣的力量就相對不費吹灰之力了。當心腦對某件事物形成慣性的思維，也就不會顯得格外的困難了。如果你的大腦一直強迫自己每天要看書，那自己的認知每天也會隨著時間而變得廣而深，看事情的維度也不同，舊觀念不一定是對的，新想法不一定是錯的，唯有突破思維，才能持續進步。開關一條道路時，第一次總是比較困難的，但是接下來這條路一定比第一次好走，所以在培養一個習慣的時候，一旦開始，那麼往下所做的事情就越來越得心應手。路徑依賴在每個人身上都是真實存在的，無時不刻，從行為到個人意識，良好的路徑依賴可以培養自己的「優質習慣」，不好的「路徑依賴」會讓自己陷入「負循環」。

4 保持彈性思維，該捨就捨

想要打破路徑依賴，讓自我人生有好的轉變，最重要的第一步就是擺脫慣

性思維的箝制。有人曾說：「一切的成就、一切的財富都始於一個意念。」這也就是說，當你習慣為自己樹立起一道牆，並且告訴自己無論如何它都難以超越，那就真的是超越不了了。

　　人類有95％的行為是由慣性思維所主導，慣性思維的定型化常讓人們產生惰性，同時迴避創新與改變，因此當事情持續往負面發展時，人們寧願背負著沈重的包袱，繼續走在錯誤的路徑上，結果反而越來越難以脫身。我們習慣將過去成功的經驗，習以為常的決策模式，放入到現在與未來，以為過去可行，現在與未來也能適用。其實，這是基於既得利益，以及過去所付出成本的考慮之下所做出的行為。因此當你發現一件事情的預期和自己想的不一樣的時候，就要「及時止損」捨棄，這時最大的挑戰便是「捨棄原有付出的沉沒成本」，拋棄固有路徑需要極大的勇氣，更需要付出極大的代價，因此要深思熟慮，當你想要改變時，就不要把目光放在已經「付出的成本上了」。一旦做出了決定，就要堅定地勇敢走下去，這是重新回到成功軌道上的唯一解方。過去的選擇即便出錯了，我們也不應為打翻的牛奶哭泣，反而要即時放眼未來，與時俱進，擺脫慣性思維的箝制，保持空杯心態，勇敢打破路徑依賴，嶄新的機遇才有可能出現。

沉沒成本
⭑ SUNK COST ⭑

難以割捨已經失去的，只會失去更多。

★ ★ ★ ★ ★

　　沉沒成本是指已經付出且不可收回的成本。此為經濟學和商業決策制定過程中，會用到的概念。沉沒成本是一種歷史成本，對現有決策而言是不可控成本，不會影響當前行為或未來決策。例如：你預訂了一張電影票，並付了票款且假設不能退票。此時你支付出去的錢已經不能收回，就算你不看電影，錢也收不回來，電影票的價錢就是你的沉沒成本。我們把這些已經發生不可收回的支出，如時間、金錢、精力等稱為「沉沒成本」。

　　美國卡內基梅隆大學的行銷學助理教授克里斯多福・奧利沃拉（Christopher Olivola）表示：「『沉沒成本效應』是人性的普遍傾向，當人們投入了一定的時間、金錢或某種資源在一項選擇之後，便會持續努力做這件事，即使已經開始覺得繼續做下去不划算、不值得或感到不快樂時，仍像受詛咒般堅持繼續，這樣的效應就成了一種謬誤。例如，你開了一家咖啡店，但經營狀況不好、生意持續虧損，可是你已經花了大錢添購了許多設備，你要繼續堅持下去，還是關店呢？有些人會選擇前者，繼續經營下去，雖然知道堅持下去只會讓虧損越來越多，但仍不願放棄，這樣的行為就被稱為「沉沒成本謬誤」（Sunk Cost Fallacy）。

　　沉沒成本謬誤又稱為「協和號效應」，指人在決定要不要做某一件事時，會因為過去已經投注大量成本，捨不得浪費，而決定繼續做下去，最後越陷越深。這源自於1960年英法兩國聯手研發大型超音速民航客機（就是我們熟悉的

協和號客機）。這種飛機的機身大、速度快，但載客量少，所以定位是豪華客機。研發進行到一半時，參與其中的很多專家已經意識到這個項目非常燒錢且沒有太大的經濟效益，但是由於研發前期已經投入的大量資金與資源，若是中途放棄，之前的投入成本就浪費了，最後他們還是繼續硬著頭皮投入鉅資——只為了保住國家的臉面。協和號客機最終被研發出來了，但是根本沒有競爭力，因耗油、噪音和安全性等缺陷，在服役後27年便退出了市場。英國和法國政府也因此遭受嚴重的損失。這個例子就是非常典型的「沉沒成本謬誤」。

 ## 沉沒成本正在慢慢拖垮你的人生！

☑ 公車已經等超過30分鐘，你會繼續等還是改坐計程車？

☑ 去看電影，開演後才發現是齣爛片，你會中途就離場嗎？

☑ 新衣服買回家後發現不合適，也沒穿過，你會果斷處理掉，還是繼續放在衣櫃中？

你曾經這樣嗎？日常生活中，我們每個人幾乎都會遇到沉沒成本謬誤。就以看電影為例，你滿心期待地去看一場有口皆碑的電影，但看到了一半，你發覺這部電影並不如想像中的好看，你是會忍耐著繼續看完電影，還是選擇提前離場。大多數人會選擇強迫自己把電影看完，因為他們怕浪費買票的錢，而陷入沉沒成本謬論，因為他們覺得花了錢就應該持續下去，儘管做這件事是虧損的（損失更多時間與精神），經濟學家們認為這些人的行為「不理智」，反而要理智地擺脫「想要收回沉沒成本」的天性，但若心心念念那些已經回不來的沉沒成本，只會做出糟糕的決策而已。因為要做的決定是「要不要繼續看這部電影」，由於票已經買了，後悔已於事無補，不應該把沉沒成本納入決定考量，這些成本無法收回，

而是應該以看免費電影的心態來評估是否再繼續看下去，因此應該選擇提前離場，把時間拿來做更有意義的事，以降低機會成本，這才是比較明智的做法。

別再與沉沒成本難捨難分，不要被過去所投入的資源、已經發生的成本，影響到未來的決策，沉沒成本不僅無法給我們帶來任何價值，反而會影響我們對當前決策的判斷，你的決定應該以眼前的成本和機會為考量基礎。

為什麼理性上明知吃了虧，還是忍不住繼續投入？因為不甘心買了沒用的東西，所以不願斷捨離；因為不甘心投資失敗，所以不願及時止損；因為不甘心這幾年的感情白白付出，所以寧願選擇將就……入錯了行、愛錯了人、浪費了日子、買錯了鞋子，損失可能足以令人悔不當初，但有時候，你越是堅持，損失越大。所以，不要被沉沒成本蒙上了雙眼，在錯誤的事情上，每多一秒都是浪費時間！在錯誤的路上，停止就是前進！

過去的就讓它過去，「不要為打翻的牛奶哭泣」，總想著那些已經無法改變的事情只能是自我折磨。昨天的成本已經付出了，是贏是虧，都是昨天支出，

從今天來看，這些成本是昨天的沉沒成本。西班牙著名作家塞萬提斯有句名言說：「對於過去不幸的記憶，構成了新的不幸。」既然過去的不可能更改，何不理智點將它們放下，記取教訓，果斷停損，設想自己每一次的選擇都是從零開始，只做將來對自己最有利的事情。

 ## 糾纏於沉沒成本的心理作用

為什麼很多人抓住沉沒成本不放手呢？其實和兩個心理作用是有關係的，當你做了某個決定並開始付出時，你會義無反顧地選擇堅持，一方面，是不想

讓自己的付出白白浪費，這種對「浪費」資源擔憂害怕的心理，被稱為「損失憎惡」。另一方面，也是在試圖證明自己的選擇是正確而明智的。這是人們有一種天然地維護自己的傾向而產生的「珍惜被擁有物」效應。

⭐ 損失憎惡效應

厭惡或害怕損失，是人類的天性使然。我們在同時面對可能的損失與可能的收益的時候，更願意設法去避免損失，而不是收益。所以，當投資人買了一支股票，第一天虧了3000元，第二天虧了2000元，此時他內心往往會認為：我已經賠了5000

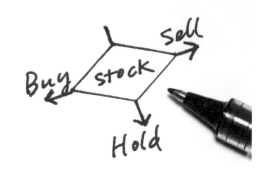

元了，說不定明天就開始回漲了，所以選擇續抱」，因此我們在投資者身上，最常見的就是買了賠錢的股票不肯壯士斷臂，甚至在股價大幅下跌時還加碼買入以求「降低平均投資成本」，結果越賠越多。

在企業，一個專案如果已經快完成，但卻發現這專案可能很難成功，通常還是會繼續堅持做下去，這是因為前期已經投資的錢成了繼續做下去的理由，即使客觀來看堅持下去毫無意義。投資越多，沉沒成本就越大，將專案繼續做下去的理由就越充分。

糾結於沉沒成本，反倒讓自己虧的錢越來越多。這種厭惡損失反造成錯誤的資源分配。基於毫不相關的「歷史成本」資訊對「現在或未來」做出決定，而錯誤地分配了資源。

⭐ 珍惜被擁有物效應

一件東西被你擁有了，你就認為它的價值會更高一些。比如，你在面對一個項目的時候——我們把戀愛、商業、學術都看做是一個項目——如果你是這個項目的承擔者，這時候珍惜被擁有物效應就會開啟，你會高估這個東西帶來的價值。例如你談了戀愛，你就會高估這次戀愛，即使對方是一個渣男，即使雙方觀念不和，但是因為沉沒成本的存在，你會更難放棄而選擇將就。

　　為什麼家裡的東西會越來越多，即使大部分都用不到但也不會扔，一個重要的原因就是：這些東西曾經都是你花時間、精力、金錢換回來的。所以，即使現在用不到，但因為「珍惜被擁有物效應」，也會高估其價值，即使沒用，也要留著。

　　通常人們對於自己做過的事情，若是遇到了和一開始設想不一樣的評價或結果，人們大多會本能地為自己的行為做辯護，努力解釋採取該行為的正確性，過於追求心理滿足感而忽略了切身體驗。就算現實已明顯證明他們之前做錯了，他們也會尋找各種說服別人和自己的理由，其實這不過是一種自我安慰，因為誰也不會輕易承認自己是傻瓜，人們有一種天然地維護自己的傾向。試圖通過「把事情繼續做完」的方式挽回「沉沒成本」。可惜，並不是只要堅持到底就一定會勝利。

　　人們寧願現在和將來的結果沒這麼理想，都不想承受那些已經過去，追不回的成本帶來的心理壓力，往往是你堅持到底，就虧到底！敢於承認和放棄過去的錯誤才能及時止損！所以我們日常做決策時要更加理性，尤其是做重大選擇時，我們需要全面思考，考量可能付出的機會成本，請考慮清楚我們的投入產出比：收穫的收入、發展機會、成長和職業幸福，是否成正比。果斷地把沉沒成本拋到腦後，讓自己變得更理性，設想自己從零開始，從現在只做對自己有利的事。

機會成本

　　機會成本就是你為了得到某種東西，必須放棄的另一個東西，簡單來說，就是你選擇了做某件事，而放棄其他機會所能帶給你的最高價值。被你放棄的事情可能替你帶來的收益（價值），就是你的機會成本。比如週末你有兩個小時時間，可以用來打遊戲，也可以用來看電影；打遊戲帶來的快樂和看電影帶來的放鬆，就互為機會成本。

　　如前文的例子，你花了500元買電影票，但看了10分鐘覺得不好看，為了怕浪費錢所以還是忍耐看完。但是如果你選擇不看電影，去做其他有意義的事，

例如回家把還沒交的作業或工作做完……等等，做這些事可能會更有價值。你多花一個小時在電影院看了一場糟糕透了的電影，這一個小時的時間你原本可以選擇學習，你在電影院遭罪的機會成本就是你學習所獲得的知識。

「魚與熊掌不可兼得！」體現「機會成本」的意涵，而「時間無法倒轉，過去的就讓它就過去吧！」則是體現「沉沒成本」的意涵。

在經濟學看來，這些事已經發生了，就如同倒掉的牛奶，不再具有任何價值。執著於收回成本，實際上是在盲目追求負收益。我們自以為是的付出，其實根本沒有價值。不要讓無效的過去影響你的未來。一支股票還要不要繼續持有的依據是：它會不會漲或者還有沒有其他更好的股票，而不是你已經虧了的5000元。

所以，別把時間和精力放在毫無價值的浪費中（沉沒成本），你的時間和精力，應該留給更重要的人和事（機會成本）。相比於沉沒成本，機會成本才是決定我們未來幸福的那一個。

 ## 如何避開沉沒成本對我們的影響

1 及時止損，做好斷、捨、離

設定投入多少後沒有效果就果斷停損，不再繼續投入。最常用在股票操作，不要看進入價格，而是看未來展望，果斷停損。止損思維讓我們為目標設定一道警戒線，這線讓我們無論在一件事情上付出了多少，只要觸碰到了這條警戒線，就要立刻做出改變。例如當股票股價下跌時，若是跌到我們事先設定的止損線，就要果斷賣出，無論之前你是多少錢買入的。設定止損是為了讓我們能及時停止當前行動，避免後面產生更大的損失，敢於及時止損的人，雖然損失了過去，但卻贏在了未來。

山下英子在《斷捨離》中寫道，「不管東西有多貴，有多稀有，能夠按照自己是否需要利來判斷的人才夠強大。」「是否需要」才是判斷是否要丟棄的主要參考因素，而不是你曾經付出了什麼。

學會「斷捨離」，能夠幫助我們擺脫沉沒成本的影響。

：代表決斷，對沉沒成本準確判斷，你只有先認清現實中的錯誤，做出「斷」的決策，才有後面的「捨」與「離」。

：有捨才有得，敢於捨棄自己不喜歡物品，無論曾經花了多少時間和精力，沒用了就要捨棄。

：遠離瑣碎事物，不要讓它們浪費寶貴的時間與精力，更不要影響自己更長遠的決策。

② 做決定前，充分收集資訊

想要避開沉沒成本並不是一件容易的事情，首先就需要我們在做每一個決定之前，收集到足夠支持自己做決定的資訊，只有在資訊充分的情況下，我們才可能做出理智的決定。比如我們想看一場電影，就需要先從身邊的親朋好友那裡打聽這個電影的評價，然後在網上參考專業影評人及網友們的評價，接著再看從選哪家電影院、觀看時間、電影票價以及是否有優惠等資訊，綜合考慮這部電影是否值得我們花費時間精力和金錢去觀看。只有足夠的資訊才會讓我們做決定的時候不至於出錯。

③ 利用減法思維做決策

當我們的決策受眾多因素影響時，我們更需要利用減法思維。剔除大部分無關緊要的因素，如何抓大放小，確定關鍵因素，讓真正重要的因素對你的決策負責。而要剔除的這些因素裡，首先就是要把沉沒成本剔除。比如遠離不斷消耗你的人、跳出不能讓你成長的工作、果斷放棄錯誤的決策……

④ 站在旁觀者角度看待問題

有的時候，我們會因為是自己的事情，所以無法分辨沉沒成本，這個時候

我們就可以讓自己換個角度看待這件事情，站在旁觀者的角度，就是站在第三者的角度問自己：「如果我不知道曾經付出多少時間、多少精力，那麼我會做出什麼決策呢？」以一個和這件事情完全不相干的身份看待問題，提出解決辦法，你會發現這時的決策才是正確的。

除此之外，當我們向別人徵求意見時，也可以通過交換人設的方式來提升徵求效果。比如你可以這樣問對方：「關於這個問題，如果是你，你會怎麼選呢？」對方就會完全站在他的角度提出對問題的看法，就大大提高了提問的效率和效果。

⑤ 以毒攻毒，反向利用「沉沒成本」

反利用「沉沒成本」，讓自己持續學習。因為沉沒成本的本質是使人們捨不得理性地放棄，那麼在遇到一些不理性的放棄行為時，它又可以反過來將我們往理性的方向拉上一把，幫助我們不要半途而廢。例如健身計畫常常都會半途而廢，難以執行下去。你可以選一家比較貴的健身中心，先付出一筆數目不小的會員費。如此一來，當我們犯懶不想去鍛練的時候，一想到那些白花花的鈔票，很可能就改變主意去運動健身了。

不值得定律
⇀ NOT WORTH THE CANDLE RULE ⇀

選擇你所愛的，愛你所選擇的。

★ ★ ★ ★ ★

　　很多人都有這樣一個心理：如果自己從事的是一份自認為不值得的事情，往往會以敷衍了事、隨意的態度去做，不僅成功率小，即使成功，也不會覺得有多大的成就感。相反地，如果從事的是一份自認為值得的事情，就會產生行動驅力，抱著積極、細心謹慎的態度全心投入，不僅成功率大，即使要付出很多，也會樂在其中，不以為苦，因為這是值得自己付出的。社會心理學家將這種心理稱為「不值得定律」。

　　從心理學角度上來看，不值得定律反應了人性中的「價值取向」心理。這種心理讓人們看待事物時傾向以自我價值觀、個人偏好為依歸，如果在客觀條件允許的情況下，自由選擇一件符合自我價值取向的事去努力，常常能激發人們的鬥志和激情，並且合理分配自己的時間和精力，從而更快、更好地完

成這件事，但要是受限外界條件，人們必須從事一件不符合個人價值取向與喜好的事，多半就會缺乏熱情與衝勁，信心與滿足感也大幅滑落，導致事情成功率偏低。不難想見的，人們對事物的價值評斷會影響實際行為。比如職場菜鳥剛進入公司時，如果認為自己做的工作對前途沒有益處、沒有價值，並以跑腿、打雜、卑微小人物等角度看待自身工作，就會感到上班度日如年，或是萌生當一天和尚撞一天鐘的念頭，得過且過地過日子。然而，如果自我調整心態，改變想法，重新賦予工作的意義，狀況就會為之改觀；例如任何大事都要從小事

做起，現在做這些微不足道的事，其實是為自己將來的發展做準備，若能盡量從工作中找到發揮自身優點和可學習之處，漸漸地就會覺得倒茶、影印、整理文件的工作也具有價值，自我成長的腳步也將加快。

對於上班族而言，每天至少有八小時要把精力用在與工作相關的事情上，如果對工作沒有熱忱、缺乏敬業態度，每天上班就會成為一件苦差事，甚至還會影響到自己的前途。如果打從心底看輕自己的工作，通常就會受到「不值得定律」的心理效應影響，導致工作績效一路下滑。

不值得定律帶給人們重要的啟示，就是一個人對待同一件事若具有不同心理，所得到的結果將大相逕庭。

🎯 實力不足時，任何工作都具有高度價值

法國著名印象派畫家莫內（Claude Monet）曾畫過一幅畫作，幾位天使在修道院裡工作，其中一位正在架水壺燒水、一位正提起水桶，還有一位天使身穿廚衣正在伸手拿盤子，這些動作雖然簡單無奇，但是畫中天使的神情卻是全神貫注，使得這些日常瑣事看來既重要又深具意義。這幅畫作無疑告訴我們，任何一項工作任務的重要性與實際價值，全由我們工作時的心境所決定，如果認為工作不重要、沒意義，自然就不會投注心力執行，更不可能思考怎麼做才能讓事情有最好的成果展現，而往往這正是優秀人才與平庸之輩的分水嶺。

現實職場中許多人都會面臨一個殘酷處境，在個人能力與外界環境的限制下，即使不喜歡自己從事的工作，也要長期努力工作換取收入，而遇到這種情況時，解套方式是調整自己的心態，試著挖掘出工作能帶來的益處，並且把它們當作是培養個人能力的土壤，否則這份工作勢必會成為身心負擔，甚至造成個人職場生涯的發展停滯不前。

事實上，人們常在不值得定律的影響下用自己角度評斷一份工作，不過評斷是一回事，能不能做好又是另一回事，例如有些人自認自己是做大事的人物，但很可能他們連整理基本文件的小事都會出錯，因此如果能夠靜下心來，仔細地審視自己的工作，你就會發現每一份工作都是一個實現自我目標的平臺，其

中常潛藏著極好的資源等著你去利用、去學習，與其花時間埋怨工作，不如設法把工作做好，提升能力，開創個人發展空間。

美國排名前二百大的企業總裁曾經參與一份問卷調查，當中有一道問題是：「在你接觸過的成功人士當中，他們成功的主要原因是以下哪方面？人際關係、決心、敬業、知識、運氣？」其中最多人選擇的項目是敬業。這顯示出「敬業精神」是許多傑出人士的成功主因，這讓他們不論從事何種職業、擔任何種職務，都可以做好自身的工作，進而也比較能獲得被認可、被重用、被提拔的機會。更進一步來說，當你沒有足夠的實力與條件可以挑選工作時，擺在你面前的任何工作都值得你去做好它，只要你具備這種心態，你才能無往不利。

以長遠眼光勾勒你的工作願景

美國著名的電視新聞節目主持人克朗凱特（Walter Leland Cronkite）自小就對跑新聞感興趣，十四歲時就當上校報的小記者。儘管校報是校園性質的新聞刊物，但校方仍聘請一位日報新聞編輯擔任指導顧問，每週指導顧問會為小記者們講授一小時的新聞課程，同時分派採訪任務，某次，克朗凱特被安排撰寫一篇關於學校田徑教練的採訪稿，可是那天剛好克朗凱特的一位好友過生日，所以他一邊心繫著好友的生日聚會，一邊匆忙寫稿，結果胡亂應付了一篇稿子就交了出去。

　　第二天，身為校報指導顧問的新聞編輯把克朗凱特叫到辦公室，劈頭就生氣地說：「克朗凱特，你的稿子糟糕極了，根本不像一篇採訪稿。你該問的沒問，該寫的沒寫，甚至連被採訪者的重要工作是什麼都沒弄清楚。你應該記住，如果有什麼事情值得去做，就得把它做好！」這番訓斥對年僅十四歲的克朗凱特當頭棒喝，而那句「值得做的事就要把它做好」的忠言，更在日後長達七十多年的新聞事業生涯中成為他的座右銘。

　　不值得定律告訴我們，你認為不值得做的事，通常就不會花心思想做好，而克朗凱特的人生經歷則說明了，你認為值得做的事，更該努力做好它，但是哪些事可以稱為「值得」、哪些事又是「不值得」，如何評定也因人而異，沒有一定標準。換言之，一件事的得失好壞主要取決於我們的價值觀，以工作來說，當你對當下的這份工作有所疑慮，內心感到猶豫、徬徨或不滿時，多半是因為心底想追求的部分未能獲得滿足，好比想從事更具挑戰性的工作、薪水待遇能調高、升遷管道能暢通等等，而隨著工作年資的增長、職場規劃的變更，換工作或轉換跑道所要考量的事情越多，想要做出選擇相對也困難許多。其實世界上沒有完美的職業，只有適合自己的職業，職業選擇的出發點也應是依據自己的個性、能力、興趣愛好、價值觀，對於具有明確奮鬥目標的職場人士來說，每份工作都是一路通往奮鬥目標的墊腳石，但從未思索過個人志趣與職場規劃的人，卻很可能是隨波逐流，走走停停，最終迷失方向，既無從得知自己要做些什麼，又難以判斷哪些事情值得去努力。

　　一般來說，值得從事的工作至少要符合自我價值觀、個人志趣，以及具有發展期望，如果你當下從事的工作不具備這三項條件，貿然更換工作未必是好事，尤其職場新人更應避免盲目換工作而降低職場價值。此時不妨以長遠眼光重新思考你的職場規劃，好比你想更換的新工作需要具備哪些能力與就職條件，同時自我評估是

否取得了基本的入門資格，而你從目前的工作中又能獲得哪些經驗，可以在日

後轉換成求職的競爭籌碼。當你考慮得越清楚，就越能在多種可供選擇的奮鬥目標及價值觀中挑選一種，然後為之努力奮鬥，往往未來的職場發展也較能事半功倍。

這世界上沒有不值得的事

「不值得熱愛」、「不值得付出」、「不值得追求」……這些「不值得」是會蔓延的。當我們覺得一個日子不值得全力去過好的時候，幾乎所有的日子就都過得不好了，最終我們所收穫的，恐怕只能是一個「不值得人生」。

當你想當然地認為一些事情不值得自己去做，而現實是你必須去做，自然而然，你會對這些事情產生厭煩情緒，這些工作也就無法完成，也會因此而破壞良好的心態，從而錯失成功機遇。因為只有具備良好的心態，才能真正做好每一件事情，提升實力，做好充分的準備，當成功的機遇出現時才能牢牢抓住。

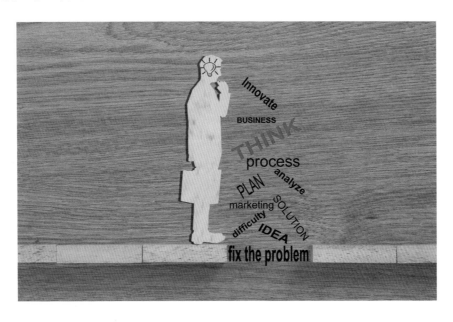

到這種情況時，我們必須調節自己的心態，把它當作值得做的事去做，不要消極面對甚至直接放棄，而是要正面地抱著「選擇你所愛的，愛你所選擇的」心態去做，去適應當前環境，培植自我實力，因為如果你對一件事情一點期望和熱情都沒有，失敗與否也無所謂，自然你也就不會想著去做好這件事情。若是一旦有了期望，比如通過做好這件事情我就能得到什麼好處，那麼你肯定會

想方設法去勝任這個工作、做好這件事情。對於任何一個人來說，要想獲得更大的發展和成功，就必須做好每一件事情。

不值得定律你可以這樣用！

人生有很多事情並不值得我們去做，也有很多事情讓我們值得為之付出。如何才能定義自己人生的「值不值得」，需要好好思考。不值得定律既是一種很常見的心理狀態，在其背後我們更應該反向利用不值得定理去找到值得的事情。如何運用與不被「不值得定律」所影響，可以從以下幾方面做起：

1 讓事情符合自己的價值觀

有句話說：「一道菜的好壞，原料不重要，調料不重要，火候也不重要，最重要的，是燒菜人的心。」當你懷著一顆「不值得」的心去燒菜，你的菜裡就被添加了苦味，這就是價值觀的影響。只有符合自己價值觀的事，我們才會滿懷熱情地去做，並且追求到最接近完美的效果。那麼我們為何不利用這種心理呢？在面對一件事情的時候，最好能從這件事情中提取出符合自己價值觀的部分。比如在公司打雜，你就可以從中提取出「更能融入公司各部門」、「讓上司注意到自己」等符合「成為公司的骨幹」的要素。

What's Your Why ?

2 了解自己的個性和氣質

一個人如果做一份與他的個性氣質完全背離的工作，他是很難做好的。所以個性和氣質也是影響我們判斷值不值得的一大因素。例如性格外向喜愛交朋友的人，可以做銷售類工作；性格內向，不善於溝通交流的人，適合從事文書或技術類工作。不同的個性和氣質，他們所喜歡從事的工作也不相同。因此，在選擇一份工作或者一件事情的時候，最好能事先對自己的個性和氣質進行一個初

步的判斷,然後選擇符合自己個性和氣質的工作。

3 了解現實的處境

同樣一份工作,在不同的處境下去做,給我們的感受也是不同的。例如,在一家大公司,如果你最初做的是打雜跑腿的工作,你可能會覺得「不值得」而做得敷衍了事,但如果一旦你被提升為部門經理,再去做這些事,你就沒有「不值得」的感受了,甚至會覺得這是你的份內之事。

4 了解事情的重要性

如果你不知道你所做的事情到底有多麼重要,你可能會敷衍了事;相反地,你如果知道這件事情對你或者對別人非常重要,你自然而然會加倍小心,以求不出差錯。這種事情的重要性同樣是約束你將事情做好的因素之一,我們也應該加以利用。

5 兩難時,利用不值得定律做出決策

面臨棘手、難以決定的事情時,優柔寡斷會影響辦事效率,此時你可以依據不值得定律幫助自己盡快找出最值得做的事情。首先找一張白紙左右對折,在折線左方寫下做這件事能帶來的好處,並且給予相應的分數,在折線右方寫下做這件事能會帶來的弊端,同時也給予相應分數;分數的大小按照對你個人的影響來決定,你可以以滿分十分來計算,最後統計左、右兩方的個別分數,如果好處遠遠大於壞處,就做這件事,反之就放棄。

6 賦予團隊成員工作滿足感,提升執行率

帶領團隊成員工作時,依據成員的性格特點、專長、能力,合理分配工作任務,可以增加他們的工作動力,例如把有難度的工作任務託付給想追求工作挑戰的人,或是把需要統籌規劃的工作託付給有領導欲的人,都能讓團隊成員

感覺自身工作是值得的、有成就感的，而過程中適時給予肯定與讚美，更能激發工作熱情，強化團隊向心力。

7 建立正確的價值觀

觀念變則態度變、態度變則行為變、行為變則後果變，只要我們有良好的人生價值觀，能客觀地看待事情，就能比較理性地看待值得與不值得這個問題，不會凡事先想到個人利益與得失，會想到公平、正義、他人與社會，只有這樣我們才會覺得有很多事都值得做。

8 豐富人生閱歷，多聽、多看、多想

人生是不斷學習，不斷豐富，不斷提高的過程，我們隨著年齡的增長，不斷補充知識，增強辨識能力，就越來越能正確分辨哪些事情是值得做哪些事是不值得做。此外，還要善於聽取他人意見，每個人都有自己看不到、想不到的盲點，所以我們平時要多聽、多看、多想，參考他人意見，並懂得換位思考，變換多角度去思考，就能令判斷更準確，減少失誤，避免過份不值得現象的出現。

習得性無助
✦ LEARNED HELPLESSNESS ✦

失敗不可怕，但是要當心「習得性無助」。

★ ★ ★ ★ ★

　　「習得性無助」是美國心理學家馬丁·塞利格曼（Martin E. P. Seligman）提出的一個概念。他於1967年做了一個經典的動物實驗。起初把狗關在籠子裡，只要電擊的信號音一響，就給狗施加一定程度的電擊，狗會因為疼痛而到處亂竄，試圖逃走，但始終無法逃出籠子，只好默默地忍受電擊。當這隻狗被電了數次以後，狗開始放棄了抵抗，想要逃脫的行為也漸漸變少了。經過多次電擊的實驗後，電擊的信號音響起，而且在電擊前研究人員就已經把籠門打開，但是此時狗不但不逃，甚至還未等到真正的電擊出現，牠就自動地先躺倒在地，開始呻吟和顫抖。

　　這個實驗證明，在可以選擇主動逃避的時刻，卻因為以往的痛苦經驗而產生絕望的情緒，選擇了相信痛苦一定會到來，而放棄任何反抗。意思就是那隻狗在先前的經歷中，把那種無助感學習了、認命了，習得了「自己的行為無法

改變結果」的感覺，因此當牠們終於被釋放，處於可以自主走動的環境中時，也已經放棄了嘗試。這個就是著名的「習得性無助」現象。

　　「習得性無助」是指經歷了一些事情之後，你「學習」到的信念。曾經，你嘗試過不同的方法，可是都失敗了，所以你不再嘗試，因為你「學到做什麼都沒用。」

　　我們可以從兩個面向去看：一個是「習得」，另一個是「無助」。習得的意思是透過後天學到

的，也就是一開始並非不想行動，而是環境讓他學到行動了也沒用。進而產生了無望感受，消極地接受現狀。這種認為不管怎麼努力都無法改變現狀的想法，心理學家稱為「習得性無助」，而這個現象來自一個核心信念「做什麼都沒有用」。

放棄掙扎的小象——屢次碰壁後放棄

大家可能都聽過這樣一個故事：一隻可愛的小象出生在馬戲團裡，牠很淘氣，總想到處亂跑。工作人員就在牠的腿上拴上一條細鐵鏈，另一頭繫在鐵桿上。小象不習慣被綁住，但牠如何用力掙扎卻都掙不脫，無可奈何之下，牠只好老實待著。待小象長大後，即使牠的力氣已經足以掙斷鐵鏈，但是牠卻從來不會這樣做，因為牠已認定那根鏈子牢不可斷！這種多次遭遇失敗以後，表現出來的懷疑、否定、沮喪的態度和遇到挫折就退縮、放棄的現象就是「習得性無助」。

頻繁體驗挫折——產生消極認識——產生無助感——出現動機、認知和情緒上的損害。這是習得性無助心理的形成過程。

前文實驗中的狗之所以表現出這種狀況，是因為牠們認識到自己無論做什麼都不能控制電擊的終止。每次電擊終止都是在研究人員的掌控之下的，狗在一系列失敗的經歷中，認識到自己沒有能力改變這種外界的控制，從而學到了一種無助感。即便在新的環境裡，牠有能力避免被電擊，但已經放棄任何反抗。

如實驗中那條絕望的狗一般，如果一個人在一件事或多件事上持續遭受打

擊，無論怎麼努力，但總是一次次地失敗，會形成「這件事，我無論如何都不好」的感受，就會有一種強烈的失控感。慢慢地，就會產生放棄努力的消極認知和行為，最終放棄所有掙扎，不會再想嘗試改變現狀。而這種失敗的感受會進一步泛化，造成「我這也做不好，那也做不好，無可救藥」的感受。

為什麼我們會感到無助？

為什麼會產生無助感，源於人們會將壞的結果歸因於個人的、普遍的、永久的特質，通常被稱為「3Ps」，若是從這三個角度去了解，也會幫助具有習得無助感的人們走出自己的心理困境：

1. **個人的、內在化的（Personal）**：他們容易將自己投射到問題上，認為什麼都是自己的錯。把問題歸結為自己的內在原因，覺得自己一無是處，認為一切都是自己的錯，都是自己的問題，才導致事情做不好。

2. **普遍性的（Pervasive）**：他們認為問題不僅僅是問題本身，而是影響到生活中的每個方面。覺得自己不僅在這一個問題上是無助的，會把無助感擴散到生活中的方面，遇到什麼問題都覺得無助。即：如果一個男人事業不成功的話，那他就一無是處。。

3. **永久的、穩定化的（Permanent）**：他們認為問題是不可能被改變的。即：無論我怎麼努力，都沒有用。這種穩定化歸因使得失敗產生更長久的消極影響。

由此，我們就得到了習得性無助的模型：在經歷負面事件的以後，當事人會進行歸因；例如當一名學生認為造成他學業不好的因素，是個人內在的、普遍穩定的、不可控制的時候，就容易感到沮喪和自卑，認為無論付出多大努力，都難以提高自己的學習成績，便很容易產生失控感，自我預期沒有什麼行為可

以改變結果，從而降低學習動機，不願做嘗試性努力，失去了繼續努力的信心，得過且過，被動地等待失敗的結果。

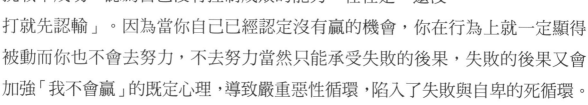

「習得性無助」描述了一個人因為過去的種種失敗，而學習了自己永遠無法改變失敗的「信念」。所以當這個人在生命中遇到挑戰時，如學業、工作、愛情金錢……等），就會顯得十分被動，因為以前常常失敗，所以就選擇相信自己不會在任何挑戰中成功，認為自己沒有控制成敗的能力，往往是「還沒打就先認輸」。因為當你自己已經認定沒有贏的機會，你在行為上就一定顯得被動而你也不會去努力，不去努力當然只能承受失敗的後果，失敗的後果又會加強「我不會贏」的既定心理，導致嚴重惡性循環，陷入了失敗與自卑的死循環。

我們可以從三個方面去判斷是否陷入了「習得性無助」狀態：

1. **個人行為和結果之間的無關聯性。（如：「我再怎麼努力都沒有用！」）**
2. **對自己「所希望的結果不會發生」或「不希望的結果將會發生」的預期。（如：「兩個人和好如初是不可能的。」）**
3. **不再做出任何行為以改變現狀的反應。（如：「既然如此，那就得過且過吧！」）**

改變習得性無助，先相信自己

習得性無助的人，往往在歸因方式上存在問題。歸因是指，人對自己和他人的行為過程，做出的解釋和推論。當一個人經歷了失敗或挫折時，會有不同的歸因風格，例如：失敗是由於內部的自身原因，還是外在環境造成的；導致失敗的原因是穩定的，還是不穩定的；導致失敗的原因是普遍的，還是個別的。

並不是所有的失敗經驗，都會產生習得性無助的結果，關鍵就在個人的歸因方式。如果能將失敗原因歸結為可控因素，諸如「方法不正確」、「時機不對」，就會更加積極地去尋求改變。當我們將失敗的原因歸結與我們自身時，

我們就會對自己產生否定，認為無論如何努力都沒有意義。

　　所以積極地對抗方式是改變自己的歸因認知模式。首先，我們需要檢查自己的歸因模式，檢視我們是不是錯誤地早早就將自己判了死刑？並將一時的困難看成永久的困境？要學會更加客觀理性地為我們的成功和失敗找到正確的歸因。時刻提醒，並檢視自己——

✅ 我是不是還有別的路可以走？

✅ 這真的都是我的問題嗎？還是有別的外部原因呢？

✅ 現在的現狀會一直持續下去嗎？都沒有辦法改變了嗎？

✅ 我是不是還可以做點什麼？

✅ 我是不是還可以尋求別人的什麼幫助？

✅ 我人生的所有方面都很失敗嗎？我在哪些方面是比較成功的呢？

　　例如，當你遇到工作效率低，引起同事的不滿與抱怨，這時你要客觀地分析問題出在哪裡：也許是自己剛剛到這個部門，還需要多熟悉；也可能是自己太追求完美，希望每個細節都做好，而導致工作效率低下……試著找出問題點，並對症下藥地去解決問題，而不是一味地自怨自艾，否定自己，認為失敗了是因為自己不夠聰明或是能力不夠，而深陷習得性無助狀態而不自知。

　　其次，不要輕易對自己說說「不可能」，多給自己一個嘗試的機會。然後，我們要學會先著眼於先完成小的任務，確定你每天可以採取的一項小行動。一

且你有明確的目標，一次只專注於一個。每天至少完成一項任務，讓你更接近實現目標。看到自己的小進步和成績後，就要慶祝小勝利，及時用它們來激勵自己，切身體會到「自己真的可以做到一些事情」本身就是一種鼓舞，讓你感覺對自己的人生更有控制力。

請記得讓我們無助的，僅僅是無助本身，我們並不是「真的不行」。而是陷入了「習得性無助」的心理狀態中，這種心理讓人們自設樊籬，把失敗的原因歸結為自身不可改變的因素，放棄繼續嘗試的勇氣和信心。所以要想讓自己遠離絕望，就要學會客觀理性地為我們的成功和失敗找到正確的歸因。學會自我沉澱，避免消極情緒，多給自己信心，大膽嘗試，積極行動。

習得性樂觀

在塞利格曼定義「習得性無助」的30年之後，他宣布：樂觀的心態，也是可以學來的！就叫作「習得性樂觀」。塞利格曼發現人們對事件的一貫解釋方法（即解釋風格）決定了是無助還是樂觀。他強調樂觀是可以學習的，樂觀者和悲觀者遇到逆境的機率其實是差不多的，但他們對逆境的解釋截然不同：樂觀者習慣解釋他們的困境或挫折是暫時的，是有特定原因的；但悲觀者則習慣解釋他們的困境或挫折是永久的，是普遍性的原因。

塞利格曼發現，無助感是在一次又一次的挫折經驗裡累積而成。相反地，若能透過成功經驗的累積，以及改變對情境的看法，樂觀也是可以學習的。

習得性樂觀者會認為一次失敗就是一個學習機會，可以更好地準備下一次面試。他們會自問：「我可以從這次經驗中學到什麼？」或「下次我可以做得更好嗎？」將失敗視為一個暫時的挑戰，而不是一個無法克服的障礙。

習得性樂觀如何培養呢？關鍵在於有克服挫折的經驗，且視困境為暫時的、可改變的。例如：花了好長時間準備的行銷方案被主管退回要求修改，感到很挫折、沮喪，若面對這件事的想法為：自己是差勁的、失敗的，只會更加強化負面情緒。若是能試著調整轉換思維，將被主管退件視為一次學習經驗，並透過修改讓自己更進步，只要有意識地改變消極的念頭，心態便會有所改變，也會帶動願意去嘗試的勇氣，便更有機會產生成功經驗！

習得無助或樂觀，有時候只是一念之間。人們可以從習得性樂觀來改變看法，改變心情，以保持積極的態度和信念，並相信困境中存在著潛在的機會。

✅ 當一個人在工作中犯了一個錯誤，他可能會認為自己是無能的，認為這個錯誤證明了他的無能，對自己產生負面評價。而運用習性樂觀的話，就是要自我反思，意識到錯誤是每個人都會犯的，並不代表自己完全無能。要積極尋找解決問題的方法，並相信通過學習，能夠改進自己的能力和表現。

✅ 當一個人經歷了一次失敗，並相信這次失敗證明了他永遠無法成功，他的努力注定無用。而運用習得性樂觀的方法，就是要改變對問題的觀點，認識到失敗是學習和成長的機會。他可以學會從失敗中獲取寶貴的教訓，並相信通過努力和堅持，他可以改變結果並取得成功。

習得性樂觀的人不會怪自己是傻瓜、是笨蛋，而是會檢討哪裡沒做好。他認為這樣的挫折是「暫時性」的，也相信這種狀況是「能被改變的」。他們會利用這次失敗的經驗來改進自己，重新制定計畫，並保持積極的態度。他們相信他們的努力和學習將最終帶來成功。

習得性樂觀和悲觀是兩種截然不同的心態，影響著人們對壞事情的解釋和

應對方式。習得性樂觀者相信他們可以從困境中成長，尋找積極的解決方案，而悲觀者則傾向於將壞事情視為無法改變的現實。因此，培養習得性樂觀的心態可以幫助我們保持積極的態度並迎接未來的挑戰。

如何擊退「習得性無助」？

事實上，每個人都有自己擅長以及讓自己感到無力的領域，當我們用正確的方式分析失敗、正確歸因，並輔之以相應的解決方案，便不會進入習得性無助的惡性循環。為了避免進入「習得性無助」狀態，可以嘗試以下方法：

① 正視自己的無助感

如果你患有習得性無助，你可能不會將自己的成功歸功於自己，而更可能因為失敗而責備自己。面對困境時無助感來襲時，不要逃避或逞強，承認和接受自己對事情無能為力，越是遇到困難，越要往好處想，才能敢於面對問題。檢查自己的歸因模式，
減少消極的、內在化的歸因方式，學會透過將事件歸因於你的努力，而不是固定的人格特質，來重新定義負面事件。與其說「我真是笨，因為我搞砸了提案」，不如說「我還可以更加努力。下一次我會做好的。」這使你可以將成功建立在努力的基礎上——這是可以得到強化的——而不是像「蠢笨」這樣的固定特質。透過找出無助的原因來克服習得性無助，從內心根源改變自己。應當保持積極心態，常提點自己一切皆有可能，避免自己沉溺在負面情緒的漩渦而無法自拔。

② 對習得性無助的事情，適當地降低預期

當你對某一個領域已經產生了無力感，在之前多次的嘗試中屢遭挫敗，而又不得不去做。這時千萬不要逼自己把這件事做好，因為你很容易因為對自己

過高的要求，而進入新一輪的挫敗。這時要適當地降低預期，找一個容易達成的部分先去嘗試。把對自己的責備「我就是做不好」變成「我可以，做點什麼呢？」轉換思維，嘗試換一個角度，尋一條新的路，從被動地陷入悲觀情緒到主動尋求解決方式，這個過程中，無助感也會相應減輕。

③ 從自己擅長的事情做起

我們並不是對所有的事情都有習得性無助，而是針對某個或某幾個特定的領域：比如有人學業成績不好，會覺得自己不是學習的料，在學習這件事上有習得性無助……當你意識到自己處於低能量、自我認知較低的狀態下，不建議去直接挑戰自己認為不可控的事，可以從擅長的事情入手，尋找成就感，以及「可以做好一件事」的控制感。將注意力放在我們可以控制的事情上，如從其他較容易成功的事情上著手。像是在學業上幫助同學，幫助身邊的人、朋友或是工作上幫助同事等，以這些成功的經驗來鼓勵自己，能幫助自己建立信心，以成功感驅散無助感。當你在自己擅長的事情上獲得成就感，就更有能力去挑戰自己認為無助、無望的事，更有能量去解決讓你覺得無從下手的事情。

生活中大多數的無助與無力，都是思維被局限、套牢的結果。我們可以從事件中習得到無助，也可以訓練自己習得到樂觀。對於習得性無助，我們應該勇敢地正視自己的內心，並且驕傲地戰勝它。當我們改變了對一件事情的解釋，不再將它完全歸於個人的原因，不將它擴散到生活的各個方面，不再認為它是無法改變的，我們就可以從「習得性無助」轉變到「習得性樂觀」！習得性無助可能真的會讓你的一生一事無成，但擺脫它卻能讓你成為一個強者。

跳蚤效應

✦ FLEAS EFFECT ✦

你想跳多高，就會跳多高；心有多大，舞臺有多大！

★ ★ ★ ★ ★

「跳蚤效應」源自於一個有趣的實驗：生物學家發現跳蚤的彈跳力極其驚人，可以跳超過自己身高400倍，通常的跳蚤可以跳至1.5公尺的高度。這個實驗是將跳蚤放進一個30公分的瓶中，以牠的能力是可以很輕鬆地跳出玻璃瓶。但生物學家在玻璃瓶上蓋上了一個透明蓋子，跳蚤依然可以看到外面的天空，習性愛跳高的跳蚤像往常一樣想奮力跳出玻璃瓶時，每次都會撞到玻璃片，一次次跳起，一次次撞到，然後跌落，連續幾次之後，跳蚤就降低了跳躍高度，最多只跳到接近玻璃片處。一段時間之後，實驗人員移開透明玻璃片，玻璃杯裡的跳蚤依然會跳躍，但直到生命結束，都無法跳超過30公分的高度了，因為牠已經自動將跳的高度修正至接近玻璃時即煞車，以避免撞到頭。原來牠已經適應了瓶子的高度，自己的跳躍能力也因此降低了，再也無法跳出一米以上的高度了。這就是著名的「跳蚤效應」。

為什麼呢？答案很簡單，跳蚤因一次次受挫後學乖了、習慣了，而自動調節了跳躍的目標高度，並適應了它，不再改變，行動的欲望和潛能就這樣被自己扼殺了、限制住了！

成長不設限，人生才能無極限

很多人不敢去追求夢想，不是追不到，而是因為自己內心就默認了一個「高度」。跳蚤本可以跳得很高，卻被玻璃罩子消磨了鬥志，就像許多能力不錯的人，被無形的天花板束縛住了手腳，這個「高度」常常使他們受限，看不到未來確切的努力方向，最後歸於平庸。現實中，很多人處於瓶頸期，就像實驗裡的跳

蚤，連連碰壁，自我懷疑，直到心灰意冷，就失去了再次出發的勇氣。就像跳蚤一樣，人在經過若干次碰壁後，會在心裡給自己設定一個跨不過去的高度，這個跨不過去的高度，就成為你下次行動的限制。當你下次想要給自己定一個高一點的目標，想要衝出去時，給自己設定的這個高度，就會衝出來告訴你，不能跳，跳起來會被撞得很疼。說白了，就是自我設限，不願意相信自己了。

為了確保自己的安全，不至於再次被「撞疼」，你就會變得畏手畏腳，不敢給自己設定高一點的目標，也不相信自己有能力突破這個高目標。慢慢的，你的目標變得越來越低，你的能力也變得越來越低了。

人的潛力是無限的，未來的變化也是無限的。提到樂壇歌后蔡依林大家並不陌生，從一個四肢不協調的舞蹈盲，到家喻戶曉的亞洲舞孃，靠著不對自己設限，才擁有了不凡的人生。「我不是天才，而是地才，地才就是要很努力才能跟天才看齊的人」這是天后蔡依林給自己的註解。勇於突破，面對自己，挑戰極限，是她給自己的期許。

有一個男孩，出生時罹患海豹肢症，天生沒有四肢，身體殘疾的他除了生活無法自理，還要飽受同學的嘲笑和欺負。在一次自殺失敗後，他選擇接納自己，不再怨天尤人，用心盡力過每一天，後來，他學會了騎馬、游泳、玩電腦，掌握了普通人都會的技能；更厲害的是，他以「幫助別人」作為自己的人生目標，到世界各地演講，幫助更多需要幫助的人。因為他相信：「如果你認為自己沒有得到奇蹟，那麼你可以成為別人的奇蹟。」他就是力克・胡哲（Nick Vujicic）。他說：「我認為最大的殘障，不是沒有四肢，而是你的心思意念和選擇，成為最大的殘障。」

自我設限，只會讓自己錯過人生的更多種可能。正如力克・胡哲在《人生不設限》裡有句話說：「錯的並不是我的身體，而是我對自己的人生設限，因而限制了我的視野，看不到生命的種種可能。」突破自我設限，才有人生的發展，例如，之前新聞上報導的新住民才女下苦功克服語言不通，努力學習考上台大電機；中國外賣小哥雷海利用瑣碎時間苦讀詩詞擊敗北大碩士，成為中國詩詞大會冠軍。想要自己的人生有所作為，就要先跳出無形框架，當你不再自我設限時，全世界都會為你讓路，你標準高，達成的目標才可能高；你對自己要求

嚴格，得到的結果才可能好。真正改變命運的，並不是我們的機遇，而是我們的態度。

 ## 志當高遠——有什麼樣的目標就有什麼樣的人生

以下分享一個真實的例子，說明一個人若看不到自己的目標，會有什麼樣的結果：

1952年7月4日清晨，加利福尼亞海岸籠罩在濃霧中。在海岸以西21英里的卡特琳娜島（Catalina Island）上，一名三十四歲的女人涉水游入太平洋中，開始朝加州海岸游去。若是成功了，她就是第一位游過這個海峽的女性，她就是費羅倫絲・柯德威克。

那天海面上濃霧彌漫，柯德威克的視線受到干擾，而且海水冰冷、刺骨，時間一小時一小時地過去，千千萬萬人在電視上注視著她。在以往這類渡海游泳中她的最大問題不是疲勞，而是刺骨的水溫。在海水裡游了16小時的她已經被冰冷的海水凍得渾身發麻、筋疲力盡。她知道自己不能再游下去了，就叫人拉她上船。她的母親和教練在另一條船上，告訴她已經離海岸很近了，叫她咬咬牙，再堅持一下，只剩一英里遠了，不要放棄。但她朝加州海岸望去，除了濃霧什麼也看不到，她說：「別騙我，如果只剩下一英里，我應該能看到海岸，快把我拖上去！」見她堅持，幾分鐘後船上的人便將渾身瑟瑟發抖的她拉上了

船，而拉她上船的地點，離加州海岸只有半英里！柯德威克裹著大毛毯，癱坐在船上，隨著船緩緩前進，加州海岸線慢慢從濃霧中出現在眼前，此時她才知道，當時她距離成功確實只有一英里！為沒能堅持最後一英里而悔恨不已。她告訴記者，真正令她半途而廢的不是疲勞，也不是寒冷，而是在濃霧中看不到目標。過了兩個月，她又一次重游加利福尼亞海灣，她不停地對自己說距離彼岸越來越近了，堅持下去，一定能打破紀錄，這一次她成功了。

對於柯德威克這樣的游泳好手來說，尚且需要目標才能鼓足幹勁完成她有能力完成的任務，對一般的人來說尤其如此。

哈佛大學曾對一群智力、學歷、環境等客觀條件都差不多的年輕人進行了一個長達二十五年的追蹤調查。二十五年後，這些調查對象的生活狀況如下：

▶ **3%有清晰且長遠目標的人**，二十五年來幾乎不曾改過自己的人生目標，並朝實現目標而不懈努力著，他們幾乎都成了社會各界頂尖的成功人士。

▶ **10%有清晰短期目標的人**，大都生活在社會的中上層，是各行各業不可或缺的專業人士，如醫生、律師、工程師、高級主管等。

▶ **60%目標模糊的人**，幾乎都生存於社會的中下層，能安穩地工作與生活，但沒有什麼特別的成績。

▶ **27%沒有目標的人**，在社會的最底層過著動盪不安、時常抱怨的生活。

有什麼樣的目標就有什麼樣的人生。想改變自己處境的人很多，但很少有人將其化為一個個清晰明確的目標，並為之堅持奮鬥。或者曾有個目標，但是像那玻璃杯中的跳蚤一樣，因為外力的作用，而發生改變。目標就像航海的燈塔，有目標，才有方向。無論你的能力如何，在你向前衝之前，先明確自己的目標，知道你要到哪裡去，要做什麼，想要什麼結果？否則，即使你有很強的能力，也有可能像柯德威克一樣，在接近成功時，半途而廢。我們周圍有許多人都明白自己在人生中應該做些什麼，可就是遲遲拿不出行動來。根本原因就

是他們欠缺一個目標。「心有多大，舞臺就有多大」，如果你沒有追求成功的野心，肯定無法取得巨大成就。如果不拚一把，你永遠不知道那件事能不能成；如果不逼自己一下，你永遠不知道自己有多優秀。

低配的生活，從「我不行」開始

「跳蚤效應」給我們的驚人啟示是：毀掉你的人生的是「退而求其次」！別被跳蚤效應限制住了你。

你滿意現在的自己嗎？你的目標實現了嗎？你對自己的未來感到茫然嗎？十年後你希望自己變成什麼樣子？

生活中最常上演的戲碼，就是退而求其次。這甚至已經成了人們心中的處世智慧。然而，當退而求其次成了一種習慣，不盡人意就形成了慣性，形成一種越妥協越失敗的惡性循環，這就是低端人生的來源。

在剛畢業進入社會後，身邊的同學學歷、條件都相差不多，可是經過五年後，有些人已當上主管或開始創業當老闆，彼此已拉開差距，十多年後，只有一小部份的同學已是社會的中上階層，而大多數的人尚處於社會的中下階層。為什麼剛開始條件都差不多的一群人，在過了一段時間後會差這麼多？

因為，你的目標，決定你的人生方向。有些人的內心有著明確的目標，只要朝著目標堅定的前進，就能有著滿意的結果，有些人對未來沒有任何目標，只是隨波逐流，最後連自己都不滿意。相信有許多人剛開始也有自己的目標，但是在實現的過程中因為跳蚤效應而放棄，最後變得消極。

每個人的心裡都曾有過美好的夢想，但在行動前，常常會想很多，認為很難、不容易，習慣說：「我不行」，於是退而求其次，在「算了吧」的掙扎中讓步。一開始就把自己關在狹窄之處，拒絕成長，默許自己過著低配的生活。人只有逼自己一把，才能看到更多的可能性。活著最大的失敗，不是跌倒，而是從來

不敢奔跑。

安娜‧瑪麗‧羅伯森‧摩西（Anna Mary Robertson Moses，1860-1961）是美國家喻戶曉的畫家，人們喜歡親切地稱她為摩西奶奶（Grandma Moses）。她的前半生始終與繪畫無緣，直到76歲因患關節炎而開始畫畫，摩西奶奶從臨摹明信片開始，一點點畫起來，在畫畫的日子裡，她經常廢寢忘食，用心鑽研，向比自己強的畫友請教，繪畫成了她安度晚年的親密伴侶。80歲的時候她在紐約舉辦了個人首次畫展，引起轟動。摩西奶奶活了101歲，在最後25年的藝術生涯中留下1600多幅作品。只要有夢，什麼時候開始都不會晚，就怕自己給自己找藉口，止步不前。「做你喜歡做的事，上帝會高興地幫你打開成功之門，哪怕你現在已經80歲了。」這段話出自於摩西奶奶寄給一位日本年輕人的明信片裡，她鼓勵這位年輕人，勇於傾聽自己的聲音，不要害怕失敗，這位年輕人因為這段話，決定辭掉家中診所職務，投入寫作，而他就是日本鼎鼎有名的文學作家渡邊淳一。

唐太宗《帝範》云：「取法於上，僅得為中；取法於中，故為其下。」優秀人物幾乎都有一個共同的特質——他們永遠對自己做到的不滿意，正因為他們敢於突破自我，不給自己設限，敢於向強者看齊，才實現了自我升級。而不斷給自我設限的人，就會一步步走向平庸。

 ## 如何打破「跳蚤效應」

「跳蚤效應」指人在追求目標時，因為遭遇挫折，屢屢碰壁，會降低自己的目標預期，甚至失去繼續追求目標的勇氣。這種心理會讓你變得越來越沮喪，越來越看不到自己的價值。害怕失敗會導致失敗，要想獲得成功，就要打破自我設限的心理高度。那麼要如何避免「跳蚤效應」，突破人生呢？方法如下：

① 跳出思維定勢的怪圈

「跳蚤效應」告訴我們，人一旦形成思維定勢，就會習慣性地順著思維定勢去思考問題。就像跳蚤被透明玻璃蓋禁錮住了思維，失去了逃出玻璃瓶的機會。我們習慣根據以往的經驗得出現實的判斷，以往三次以上的成功經驗就會形成我們解決問題的方法，會將以前成功的經驗作為下次運用的方法，從而節省探索的時間。但是如果思維被禁錮在過去經驗的牢籠，就會犯經驗主義的錯誤，形成思維定勢。因此遇到事情時，我們不能不假思索地用過往的經驗去解決問題，而是要謹慎地思考，重新評估現況條件後，去找出合理化的解決方法，才能讓我們避免落入思維定勢中。我們可以——

▶ **運用發散性思維，多角度解決問題**：發散思維是指沿著不同的方向、不同的角度思考問題，從多方面尋找解決之道的思維方式。

▶ **培養逆向思維，從相反面去解決問題**：逆向思維也叫求異思維，它是對司空見慣的、似乎已成定論的事物或觀點，反過來思考的一種思維方式。當大家都朝著一個固定的思維方向思考問題時，而你卻獨自朝相反的方向思索。例如，司馬光砸缸，其他人都想把人從有水的缸裡救出來，司馬光想的是讓水從缸裡出來。

② 敢於突破，可以輸給別人，不能輸給自己

很多時候人之所以不敢追求高目標，不是因為你不想追求，而是因為你自己給自己設置了一個不可跨越的高度，這個高度，成為了你的限制，讓你再也跳不出這個圈。別人認為你是哪一種人並不重要，重要的是你是否肯定自己；別人如何打敗你，並不是重點，重點是你是否在別人打敗你之前就先輸給了自己。很多人失敗，通常是輸給自己，而不是輸給別人。

當你在多次遭遇挫折之後，信心很容易受挫，進而學乖，變得麻木，甚至開始自我否定，任由自卑情緒籠罩自己。這個時候，如果你能夠堅定信念，直面挫折，正確分析失敗的原因，不放棄，努力前行，結果就會變得不同。每個人都難免會遭遇各種挫折，你知道國際知名鋼琴大師郎朗幼時到北京拜名師，曾被鋼琴教授斥責「土豆腦袋，難成大器」……挫折就像彈簧，你弱它就強，

挫折面前，如果你不能堅定信念，持續前行，就很容易知難而退。要想突破自己，任何時候，都不要輕易否定自己， 自己「畫地為牢」。

改變世界前先改變自己！人的潛能是無限的，但是被挖掘出來的卻很少，很大一部分原因是人們習慣了自己的現狀，懶得去改變。

扼殺你夢想的還有另一個陷阱，就是那種認為眼下還不能追求自己夢想的想法，覺得還不是適當的時候。你要相信，根本不存在開始一件新事情的最佳時刻。每當你推遲開始做一件事情時，你離它也就又遠了一步。打破枷鎖，敢想敢闖才能贏，敢於行動，才能贏得成功。不怕為時已晚，就怕止步不前。

YES, I DID IT!
I WILL DO IT
I CAN DO IT
I'LL TRY TO DO IT
HOW DO I DO IT?
I WANT TO DO IT
I CAN'T DO IT
I WON'T DO IT

3 立一個看得著、搆得到的目標

在心理上突破了自己，還要有一個可以實現的方法，就是給自己定一個明確的目標。當你迷惘的時候問問自己，什麼事能帶給你成就感？你希望變成什麼樣的人？人們經常埋怨什麼也做不來，但如果我們只記掛著想擁有或欠缺的東西，而不去珍惜所擁有的，那根本改變不了問題。而當你真心渴望某樣東西時，遵從內心，堅持做想做的事，整個宇宙都會聯合起來助你完成。

有一個明確的目標，就有了前行的方向。那麼，這個目標應該怎麼定呢？這個目標不能太高，也不能太低，就是踮起腳尖才能搆得到，需要使使勁才可以完成。目標太高，你怎麼努力都達不到，就會失去努力的動力；目標太低，實現起來太容易，人就不能成長。最好的目標就是那種不能輕易達成，但是拚盡全力才稍微有機會實現的話，你就會逼自己更加努力去爭取。

你所制定的目標必須是非常明確的，不能過於抽象或者廣泛，因為模糊或者模棱兩可的目標並不能帶來太大的激勵作用。如果定義太過粗略，將變得更難以衡量且難以達成，太過於模糊不清則會導致許多失誤和誤解。例如：「我想要學會一樣新技能」，這就是一個很廣泛的目標，可以改成「我要在年底前學會拍攝影片，成為一名Youtuber ！」這個目標就明確多了，你已經有想要學

習的技能，以及通過這個技術能讓你達成的更大目標。若是覺得目標很龐大而難以達成，這時就需要將大目標拆解成每天或每週的要完成的任務，每當完成一項小目標，自己的信心與成就感也會隨之提升，持續激勵自己朝著目標繼續努力，無形之中累積起來，就能完成大目標。

在遇到阻礙時，不要想著「我做不到」，為自己設下天花板，認為自己無法辦到，於是放棄了自己原本的想法或目標，這也就是為什麼有些人可以達成目標，有些人只能原地踏步。而是想「我要如何做到」，找到正確的方法，不要被途中的障礙局限住自己。

延遲滿足效應
✦ DELAY OF GRATIFICATION EFFECT ✦

一個人延遲滿足感的能力越強，越容易做成大事。

1960 年代，由史丹佛大學的心理學家華特·米歇爾（Walter Mischel）進行的「棉花糖實驗」，透過觀察孩童對延遲滿足的反應，追蹤其未來發展以證實這個理論的影響與發展。

研究人員發給幾位接受測試的孩童每人一顆棉花糖，同時告訴他們先不要吃，如果能等 20 分鐘之後才吃，將會再多給他們一顆糖。結果有些孩子難以克制想吃糖的欲望，沒等多久就把糖果吃掉了；另一些孩子則耐住性子、閉上眼睛或趴在桌子上睡覺，也有的孩子用自言自語或唱歌來轉移注意力，以克制自己的欲望，從而堅持了 20 分鐘，進而得到額外的獎勵。

研究人員後來分別追蹤了這兩類孩童的未來發展，發現那些能夠等待並得到額外獎勵的兒童，長大後表現出較強的適應力、自信心與獨立自主精神，在工作上更容易獲得成功，具有更好的人生表現，如在教育、職業和人際關係等方面；而那些貪圖當下享受的孩子則表現得缺乏耐心，注意力不集中，在面對困難時比較容易選擇逃避，成年後在事業、人際關係方面的表現上也沒那麼出眾。

這個實驗的結果表明，延遲滿足能力與一個人的未來成功有很強的關聯。米歇爾由此得出結論，延遲滿足能力越強者，其我控制能力、意志力越強，因而越容易在工作、學習中獲得成功。他們通常具有更好的自我控制能力，更高的目標追求，更好的挫折耐受力和更優秀的決策能力。

克服小誘惑，你才能得到更多

　　什麼是延遲滿足呢？就是說：為了更有價值的、長遠的結果，而放棄即時的滿足，以及在這份等待中展示的自我控制能力。換句話說，即為了追求更大的目標，獲得更大的享受，可以克制自己的欲望，放棄眼前的誘惑。

✅ 一串葡萄，你是選擇先吃好的，還是先吃有破皮的？

✅ 客戶送給你一個美味蛋糕，但是你正在減肥，你是現在吃呢，還是等減肥成功後再吃？

✅ 你面前有兩份工作，A是工作起薪很高，但是對工作是否有前途或未來是否有更高的收入並沒有把握；B工作恰好相反，起薪較低，但是未來確實會有更好的前途和收入，你會怎麼選擇？

　　前一個選擇代表著「即時滿足」；而後者這種甘願為更有價值的長遠結果而放棄即時滿足的選擇，則代表著「延遲滿足」。

　　錢鐘書先生在《圍城》中有這樣一段文字：「有一堆葡萄，樂觀主義者，必是從外表最差的一個葡萄開始吃，直吃到最好的一個葡萄，把希望永遠留在前頭；悲觀主義者則相反，越吃葡萄越吃到不好的，吃到絕望為止。」可見，樂觀者與悲觀者的區別最主要就在於能不能忍受延遲滿足，而後者的行為往往會透支未來。

　　先挑好葡萄吃的人，就是「即時滿足」的人。即時滿足，顧名思義就是會在第一時間滿足自己的需求，包括：生理需求、情感需求、社交需求、物質需求等。

　　對於即時滿足的人而言，他們更關注自我的需求和價值。即時滿足，其實更符合人性，更順應人類的本能。想吃就去吃，想做就去做，想做什麼就不猶豫。「今朝有酒今朝醉」，就是他們的真實寫照。

　　學習當然是比滑手機刷微博、玩手遊來得有意義，但實際上人們更傾向於選後者。因為滑手機刷微博、玩手遊的行為能夠得到即時滿足，是能讓人愉悅的。相反地，學習就很難馬上見效，它的影響是緩慢的、長遠的。所以放棄玩手機，選擇學習的行為就叫做「延遲滿足」，可以簡單理解為「學會克制」。

也就是人們能在當眼前有誘惑，有利益的時候，能夠看到事物長遠的發展方向，學會分散注意力，克制心的欲望，以期在未來獲得更大的回報。

從「個人成長」的角度講：後吃好葡萄的人，往往能獲得更多的成功。他們從小努力學習，考上好大學，進入大公司有好的職位，然後就可以彌補前半生付出的努力，這也叫「延遲滿足」。

當我們在做事情，工作或學習時，應該先試著將最難的部分完成；解決完了最難處理的問題之後，再去做簡單的工作。那個時候，你會感覺輕鬆許多，這就是「延遲滿足」帶給你的愉悅感。

延遲滿足的人通常都很自律，他們對自我的要求比較高。自律者看上去是在當下付出了更多，但是這些付出在明確計畫的情況下，其實就是在進行延遲滿足。當下的自律，為了是未來的自由。他們往往會建立：「獎賞機制」，先做完事情，再去休息；先忙完重要的，再獎勵自己一些休息的時間。延遲滿足，往往能帶來更好的工作效率。

生活當中一切值得擁有的事情都需要付出努力和時間，因此你需要延遲滿足，才能真正實現你想要的任何目標或結果。如果能夠感受到設立目標並願意為之延遲滿足時的欣喜，自己每天也會過得開心又充實。延遲滿足一旦成為習慣，就會期待自己完成更高的目標，然後想像自己的成長並且迫不及待地設立下一個目標。更進一步說，人生也會隨之改變。也許你前兩年變化得慢，十年後再回頭看，肯定會非常不一樣。

字節跳動創辦人張一鳴受訪談到自己的成功之道時說：「我的成功祕訣就

是延遲滿足感。」自學校畢業六年時間，張一鳴跳槽四家公司，逐一累積好的搜索技術、基礎運算工具、資訊分發能力等深耕技術，張一鳴才有了今日頭條、抖音、火山小視頻等爆款產品，成功從程式設計師升級到CEO。有意思的是，張一鳴自己從來不刷頭條，也就是說，他在用自己的「延遲滿足感」，不斷地滿足大眾的「即時滿足感」，這就是成功者與普通人的區別。

通過自我控制，來更好的管理自己

在沒有外界監督的情況下，比起花幾小時候看一本枯燥無味的書籍，人們更願意選擇看一齣會令人開心的偶像劇；比起花大量時間去做看不見的體能提升的運動鍛鍊，人們更傾向於躺在沙發上睡覺。即時滿足只會讓你陷入無休止的娛樂狂歡和上癮之中，不斷地把你拖入舒適區裡，只有學會延遲滿足，忍受吃苦，你才能夠跳出來。

綜觀人的一生，人和人之間的距離，是在時間＋選擇的點滴累積中，慢慢拉開的。例如：你想買房子，付了頭期款後，每個月要還房貸。這樣你就不能想買什麼就買什麼，時不時去吃大餐。你面臨的選擇是要：選擇滿足一次又一次的買買買欲望，還是節省花費去實現買房這個長遠目標呢？能夠耐得住「延遲滿足」考驗，也就等於自制力提升。這是因為延遲滿足能力強的人，會有更強的意志力，他們看到的是一個更長遠的目標，所以他們能忍住一時的、短期的欲望，積聚能量，去獲得遠處那個更大更好的東西。

所謂延遲滿足，就是我們平常所說的「忍耐」。為了追求更大的目標，獲得更大的享受，可以克制自己的欲望，放棄眼前的誘惑，是一種克服當前的困難情境而力求獲得長遠利益的能力。面對當下的誘惑時，我們可以從空間和時間上儘量遠離它，利用冷卻「現在」，

加熱「未來」策略，把當下的誘惑推向遙遠的時空，在腦海中把遙遠的後果拉近，就能輕鬆抵禦誘惑。例如面對美味甜點的誘惑，我們要想若是吃了可能會破壞

堅持了一個多月的減肥計畫，讓我們變得肥胖，這就是加熱「未來」。「未來」得到加熱，不良的後果被考慮到，「現在」的誘惑也就冷卻了。

能夠控制自己的人才能控制自己的命運。我們需要對自己的規劃有清醒的認知，讓自己對長期價值的渴望大過於短期價值，努力加強自我控制力。比如，為了保障退休後的生活，現在就將部分收入儲蓄起來或者用於再投資；為了有健康的身體，不抽煙、不酗酒、不暴食等等。我們要專注在人生的長期目標上，你開始的越早，透過長期的累積，便能比其他人更早達成目標。不論是對於節食、戒煙還是健身等習慣來說，一旦我們堅持下來，新行為所產生的滿足感就可以使這種變化保持下去，產生驚人的效果。

我們也可以從以下四個步驟，透過延遲滿足來掌控人生：

1. **想清楚什麼才是對你最重要的東西**：金錢？愛情？健康？事業？

2. **想清楚你的目標是什麼**：你真正想要達到的、比較長遠的目標是什麼？

3. **制定一個計畫，確定優先級**：這有助於當你在面對接下來一系列的選擇時，當你動搖時，這個計畫和優先級的設定就能提醒你「我要暫時忍耐，我要堅持下去」。

4. **定期獎勵一下自己**：要達到一個長遠的目標，是一個艱難而漫長的過程，可能需要幾個星期、幾個月、幾年，甚至幾十年。因此，為了更好地堅持下去，還是要定期獎勵一下自己的，獎勵一下這個正在堅持著的自己，這樣才能一次一次地強化這個長遠的目標，不斷前行。

真正的大成就，往往要從最基本的工作做起，付出心力，能看到長遠價值，而選擇犧牲部分的短期價值，做好等待與累積才可能有足夠的經驗和機會，讓自己做起事情來，更卓越有效，遊刃有餘地得到自己想要的人生。真正的成功，往往屬於那些會自控自忍、有著超出常人的自我控制力，能冷靜分析、眼光長遠並不懈努力的人。

延遲滿足效應你可以這樣用！

　　沒有人天生就很會延遲滿足、超級自律，但我們可以從日常的小事開始著手。例如，今天你想去吃吃到飽的自助餐，這時你就可以先要求自己去健身房鍛鍊，以消耗你即將攝取的熱量；或是當你今天在追劇之前，先規定自己學習課業兩半小時才能開電腦。透過這些行為，讓我們習慣把能令我們感到愉悅的事情往後移，並加上一些限制，這都能一步步建立起自制力。在生活中我們可以這樣運用延遲滿足效應：

1 延遲從一分鐘開始

　　如果你正處於減肥期間，但突然很想吃巧克力冰淇淋怎麼辦？這時你可以延遲一分鐘再去想吃冰淇淋這件事，這時大腦對即時渴望的東西產生了延遲，那麼繼續再去回想的時候對身體鍛鍊的理智就會壓制住想吃冰淇淋的欲望，那麼一次次的欲望壓制，一次次的鍛鍊持續，慢慢地身體形成條件反射，自律的習慣就會自然而然地培養起來。

2 轉移注意力

　　當我們面臨誘惑時，可以通過轉移注意力來抵抗。延遲滿足是一種自律行為，我們可以轉移注意力，放空自己的身心讓身體和大腦被其他事物所佔據。通過轉移注意力的方式可以讓我們不那麼被即刻的誘惑所吸引，比如可以在減肥時不去看美味可口的美食節目。當我們有重要工作還沒做完時想玩手機，我們就可以先將手機收起來。把注意力集中在當下的工作上，只有完成工作才能獎勵自己。

3 目標分解

　　目標訂得越高，越需要「延遲滿足」！將大任務分解成小任務，每完成一

個小任務都能讓我們感到有所成就，從而提高我們的滿足感。例如把一週需要做的事拆分成小目標，把「下次達到什麼階段」的目標改為「多一點的進步」，集中攻堅之後再提升目標。每次堅持完成任務，就給自己一點小小的獎勵。在完成一個個小目標的過程中，就能收穫掌控感與滿足感。

④ 與會令我們分心的獎勵保持距離

比如在做計畫的時候就把困難的工作或者會談約在前面，或者把不喜歡的工作都擺在桌面上，而把喜歡的工作鎖在抽屜裡，將輕鬆的工作移到後面做，也算是另類的延後滿足！把最困難、最重要的事情放到待辦事項的第一項。這樣做的好處是能讓你擺脫拖延症，並且在你精神狀態最好的時候處理影響力最大的項目，將能讓你交出更好的工作表現，大大提升效率。

⑤ 降低購物衝動

如果你在買每件商品之前，都先給自己半小時的冷卻時間，甚至可以等一天後再決定，時間過後你會發現想購買的欲望會大幅下降，覺得「好像不買也不會怎樣」，這個方法可以讓我們少買許多不必要的物品。像這樣選擇將「買到這件物品」所能帶給你的快感往後遞延，除了能檢視你到底是不是真心需要以外，更是能幫助你省下許多錢！

登門檻效應
→ FOOT IN THE DOOR EFFECT ←

善用有求必應的登門檻效應。

　　登門檻效應源自美國社會心理學家佛里曼（J. L. Freedman）與助手傅雷澤（S. C. Frase）的一次實驗；1966年，他們安排兩位大學生到A社區與B社區進行遊說，目標是讓居民響應安全駕駛計畫，並在自家門前豎起寫有「小心駕駛」的警告標識，但是那警示牌的設計卻不怎麼美觀。當這兩位大學生抵達A社區後，他們直接向居民提出豎立警示牌的要求，但只有17%的居民同意這麼做；輪到B社區時，兩位大學生依照實驗設計採取了不同的遊說方式，他們先請求居民在贊成安全駕駛的請願書上簽名，結果幾乎所有人都簽字表示認同，幾星期過去後，那些大學生再回到B社區向居民提出豎立警示牌的要求，而這次竟然有高達55%的居民同意他們的請求。

　　這項被定名為「無壓力屈從：登門檻技術」的實驗，說明了先讓人們接受較小的要求（請願書簽名），就能促使對方逐漸接受較大的要求（豎立不美觀的警示牌），日後也有更多類似實驗進一步驗證了登門檻效應的存在。例如有位心理學家走上街頭，直接要求市民捐款給癌症學會，成功率是46%，後來他將請求分成兩階段來進行，第一天他請人們配戴紀念章為癌症慈善捐款做宣傳，每個參與者都欣然同意這麼做，隔天，他再要求這些佩戴紀念章的人們捐款，成功率高達90%。

　　心理學家認為，人們都有保持自己形象一致的願望，一旦先行表現出助人、合作的言行，即便別人後來的要求有些過分，人們也願意接受；換言之，要讓他人接受一個高難度或是費力費時的要求時，最好先讓對方接受一個小要求，如此一來，對方對於之後更高的要求就比較容易接受。這是因為人們只要接受他人微不足道的要求後，為了避免認知上的不協調，或想給他人前後言行一致

的印象，就有可能接受更大的要求，這種現象猶如登門檻時，如果能一階一階逐步而上，將能更容易、更順利地登上高處。

循序漸進的說服

　　一個人接受一個小的要求後，往往願意接受一個更大的要求，猶如登門檻般一步一步順階而上，因此又可以稱之為「得寸進尺效應」。這是透過一次次的簡單要求，進而說服一個更大的請求；這種循序漸進的過程，會讓當事人在不知不覺中，改變自己的態度與行為，是一種說服人們同意特定行為的策略。

　　日常生活中，你我都會遇到他人請求援助的狀況，而我們自己本身也會有遇狀況、某事件而有求於人的時刻或是必須說服某人做某事件。像是當員工的，總想說服老闆為自己加薪；做父母的，會想要求孩子少打電動多學習。做孩子的會希望父母能在寒暑假時帶他們出國旅遊……類似的說服或別人的請求，我們每天都會遇上好多次。因此「我該怎麼請求他人幫助」、「我要如何拒絕他人請求」就變成了一場角力擂臺賽。人際往來互動的過程中，請求他人與拒絕他人都需要智慧。當我們你需要人提供援助時，如果一開口就是令人為難的大要求，即便是交情再好、關係再親近的人，也很難馬上點頭答應幫忙，若是善用「登門檻效應」逐步提出要求，不斷縮小差距，就能讓對方一步步地接受你的請託。

　　通常人們接受了他人的一個小請求之後，如果對方再度提出的要求並不會造成自身損失，那麼多數人為了避免被認為是言行前後不一的人，就會產生「反正上次都幫了，再幫一次又何妨」的心理，於是「登門檻效應」便發揮效果了，漸漸地，人們在不斷接受小要求的過程中，就會適應那些逐漸提高難度的要求，最後甚至會答應自己原先可能十分抗拒的事情。

但要注意的是，不管你請託他人提供何種援助，或是企圖說服他人共同完成哪些事，都別忘了抱持「尊重他人」的態度，往往這牽涉到事成之後，你與對方的互動關係能否保持良好。許多時候，人際往來之間的相互協助也能深化友誼、增進信賴關係，但帶有欺騙、惡意利用、佔人便宜的請託，很容易會摧毀關係又損及個人聲譽，因此運用登門檻效應時，千萬別忘了「以誠出發，尊重他人，循序漸進」的原則。

生活中隨處可見的登門檻效應

在日常生活中，登門檻效應除了能運用於請求他人幫助、說服他人支持某項行動計畫之外，諸如銷售商品、追求心儀對象、親子教育等範疇也同樣適用。以銷售商品為例，根據銷售心理學研究發現，業務員如果在客戶開啟家門的時候，直接站在門檻邊介紹商品，多半會馬上吃閉門羹，但如果有機會走進客戶家中，以技巧性的方式開口介紹產品，成功售出的機率就能提高，所以關鍵是業務員顯然無法站在門邊告訴客戶：「我要進去你家賣東西給你！」這時就得看業務員能否各顯神通，運用登門檻效應努力打開客戶的心門。

例如銷售滅蟑藥的業務員按下門鈴後，通常會對客戶說：「您好，我是除蟲公司的業務員，本公司正在舉辦免費滅蟑活動，請問府上有蟑螂或其他害蟲的困擾嗎？我們可以免費幫你進行一次除蟲工作。」當客戶接受這項提議，並且打開大門歡迎業務員時，在除蟲過程中，雙方就有機會平和交談，最後很可能是客戶買了滅蟑藥，業務員也幫客戶滅蟑一次，結果皆大歡喜。儘管除蟲公司或許是規定業務員賣出滅蟑藥後，可以免費幫助客戶滅蟑一次，然而業務員

把銷售後要幫客戶做的事情，提前到交易完成之前進行，二者即便實質完全相同，可是帶給客戶的心理感受卻有天壤之別，換言之，先幫忙再銷售的做法更能讓大多數人接受。

　　事實上，一個有經驗的業務員絕對不會直接要求客戶購買商品，反而懂得運用登門檻效應步步進攻，往往先提出試用、試穿、試吃的建議，讓客戶逐漸接納商品後，再進一步提出購買要求，才能增加成交機會，而我們平常和他人的互動往來也是同樣道理；好比男士在追求自己心儀的對象時，如果想「一步到位」，一開口就提出要與對方共度一生的想法，此舉恐怕不把對方嚇跑才怪，因此大多數男士不會如此莽撞冒失，而是經由看電影、吃飯、約會、出遊等過程，逐步達到讓彼此關係增溫的目的。

　　此外，上司希望下屬執行某項艱難任務，卻又擔心下屬心生抗拒時，不妨先將性質類似但難度較小的任務交辦給下屬執行，或是提出一個比過去稍有挑戰性的工作要求，當下屬完成小任務、達成小要求後，再逐步提出更高的要求，不但能杜絕下屬的抗拒心理，預期的工作目標也更容易實現。

登門檻效應VS拆屋效應

　　與「登門檻效應」有異曲同工之效，也是很常用於說服他人、不被拒絕的心理策略就是「拆屋效應」，是在談判中常用並且有效的技巧。

　　拆屋效應是源自魯迅先生1927年在《無聲的中國》裡寫道：「中國人的性情總是喜歡調和、折衷的，譬如你說，這屋子太暗，說在這裡開一個天窗，大家一定是不允許的，但如果你主張要拆掉屋頂，他們就會來調和，願意開天窗了。」這種先提出一個很大的、對方難以接受的要求，然後再降低條件，提出較小的、對方能夠接受的要求，如此一來，對方從心理上更容易接受，也更容易達成目的，被心理學家命名為「拆屋效應」。

　　通常人們不太願意連續地拒絕同一人，當你提出一個不合理的高要求時，

對方會馬上權衡得失，進而開始調整自己的心理預期，做出最壞打算；此時你又提出一個更為合理容易接受的要求，對方為了防止更壞的情況，同時也因為拒絕了前一個要求而對你產生愧疚感，所以會儘量滿足你的一個要求，做出適當的妥協。

「拆屋效應」的實質是為了達到一個目標，必須提出一個更高的目標，來迫使對方接受原定目標。例如，跟父母要零用錢時，就要一開始大膽要求」要2000元！父母一定會拒絕你，表示太多了，這時你才又改口說：「那1000就好了。」通常第二次就可能要到1000元。

拆屋效應和登門檻效應，兩者的相同之處，都是為了說服別人。其區別在於——

- ✅ 登門檻效應：先提一個很小的要求，然後再提出更大的要求；拆屋效應：先提出很大的要求，接著提出較小、較少的要求。
- ✅ 登門檻效應：是一級一級往上提要求；拆屋效應是一次性的要求。
- ✅ 登門檻效應：在自己處於被動狀態，請求別人做事採取的策略，以便降低對方接受我們請求的難度；拆屋效應：是自己佔據主動地位，強硬要求別人做出某種決定以便達到自己的要求，是故意用高條件達到威脅程度，讓對方主動妥協。

⚛ 別被門檻拌一跤！登高前，先搭設好你的階梯

登門檻效應告訴我們，無論是經營人際關係、執行職場工作，或是處理日常生活大小事，我們都應循序漸進，不可急於求成，凡事唯有一步一步進行，打好穩固基礎，才能踏實完成計畫，實現目標。

從某方面來說，登門檻效應反映出人們在學習、生活、工作中普遍具有避重就輕、避難趨易的心理傾向，而如果你正在思考如何實現個人的長遠目標，以下的故事將能讓你有所啟發。

據說在一九八四年的東京國際馬拉松邀請賽中，一位名不見經傳的日本選手山田本一出人意料地奪得了世界冠軍。當記者問他為何能取得如此驚人的成

績時，他是這麼回答的：「我是憑著智慧戰勝對手。」

許多人都認為他的答案過於抽象，畢竟馬拉松比賽是講求體力和耐力的運動，爆發力和速度也還是次要條件，只要身體狀況好又具備耐力就有望奪冠，因此「以智慧贏得馬拉松冠軍」的說法確實令人難以想像。

兩年後，義大利國際馬拉松邀請賽在義大利北部城市米蘭舉行，山田本一代表日本參加比賽，這一次他又獲得了世界冠軍。賽後，記者在訪談中又問起他之所以能奪冠的原因，而他的回答仍是上次那句話：「用智慧戰勝對手。」只不過這回記者沒有在報紙上挖苦他，僅僅表示對他所說的智慧取勝法感到疑惑與不解。

十年後，這個謎團終於被解開了。山田本一在他的自傳中寫道：「每次比賽之前，我都會開車去實地觀察比賽的路線，並且把沿途比較醒目的標誌畫下來，比方第一個標誌是銀行、第二個標誌是一棵大樹、第三個標誌是一座紅房子……，這樣一直畫到賽程的終點。比賽開始後，我先集中心力奮力朝向第一個目標衝刺，到達第一個目標後，我又以同樣的速度衝向第二個目標。四十公里的賽程就被我分解成幾個小目標，這讓我能比較輕鬆地跑完全程。剛開始我並不懂這樣的道理，我把目標定在四十公里終點線上的那面旗幟上，結果跑到十幾公里時，我就疲憊不堪了，而且我還被前面那段遙遠的路程給嚇倒了。」

其實山田本一的智慧取勝法，運用的正是登門檻效應的原理；當你試圖實現個人的長遠目標時，不能只把眼光與心思放在遙遠的終點上，同時也應思索如何設定階段式的目標，以及應該採取哪些行動計畫，這將能幫助你紮實地打好基礎，並且協助你適時調整計畫走向，進而避免三分鐘熱度的半途而廢，或是迷失了正確的努力方向。

對於多數人來說，制訂計畫與目標並不困難，困難的是如何讓自己採取實

際行動，如果能運用登門檻效應，將自己的長遠目標區分成短期計畫、中期計畫、遠程計畫，進而帶領自己一階一階地往上爬，將會好過莽撞地胡亂衝刺，與此同時，也能避免自己不會因為目標過於遠大，產生畏懼心理而坐著空想，遲遲不敢行動。

登門檻效應你可以這樣用！

如何利用登門檻效應得到我們想要的，讓我們生活得更好呢？應用方向建議如下：

① 請求幫助方面

不管是工作上或是私人事務，當你希望別人幫你完成一件有難度的事情時，最好能先向對方提出一個小要求，這樣做的好處是讓對方瞭解到幫你一個小忙，並不會為他帶來什麼損失或風險，如此一來，當你後續逐步提出其他要求時，對方的接受度就會大幅提高。例如，請對方幫你影印文件；再徵求他有沒有好的想法和構思，哪裡有問題需要改正等；最後問他能否和你一同完成這項任務，並表達出非常需要他幫助的強烈渴望，對方為了給你樂於助人前後一致的印象，幫助你的可能性就會加大許多。

② 自我實現方面

當你確立了想完成的個人目標之後，運用登門檻效應的精神，設定階段式

的執行計畫，將能幫助你從無到有、由近而遠地落實行動，不要一下子提出太大的要求，讓自己望而卻步並且短時間達不到的話，又很容易挫敗、心灰意冷。與此同時，藉由每一個小階段目標的實現，你不僅能累積更多經驗智慧，還能不斷以飽滿的動力與信心持續前進，直到最終目標順利達成。

③ 委派任務方面

不要一下子就布置一個太過艱巨和複雜的任務給員工，因為它費時費力且難以成功，還可能會直接把他們嚇跑。可以先將一個大任務分成幾個小任務交給下屬來完成，讓他們先從一些簡單的、輕鬆的事情入手，等到他做好後，再給另一個小任務，之後再把整個任務交給他。這樣不僅能提高任務的效率，還能使下屬對這樣的任務不至於那麼「恐懼」。這樣員工不僅樂於接受，也很容易完成，更增強了他的能力和自信心。

④ 在教育方面的運用

對學習有困難的學生，不宜一下子就對他們提出過高的要求，而是先提出一個只要比過去有進步的小要求，當學生達到這個要求後再通過鼓勵逐步向其提出更高的要求，學生往往更容易接受並力求達到。老師制定目標時，一定要考慮到學生的基本能力。要分析不同層次學生現有的發展水準，根據不同素質、不同能力層次的學生的基礎與表現，制定不同層級的、具體的目標，使學生經過努力能夠達到，即「跳起摘得著」，從而使每個學生都能獲得成功的喜悅。

首因效應

瞬間決定好感度的驚人威力。

　　提到人際關係的心理學，就一定要認識首因效應，又稱初始效應。強調第一印象很重要，也稱作「第一印象效應」，它是指人們首次與某些人事物接觸時，腦內會對首度認知到的人事物留下第一印象，而就算往後進一步接觸，或是獲知了更多有關資訊，人們仍會高度重視在第一印象中所認知到的資訊。這也就是說，當一個人對你的第一印象是「待人冷淡」，對方就會把這種印象深刻記在腦海中，即便之後有人說你其實生性熱情，對方也不容易因此改變觀感，還是會比較認同他自己首次所認知到的印象。

　　美國心理學家盧欽斯（Abraham S. Luchins）曾經做了一個關於首因效應的實驗，證明人際交往中給人留下的第一印象至關重要，而且主要資訊出現的次序也對印象形成有著重大影響。1957 年，盧欽斯找來一群大學生參加實驗，他先將學生們分成四組，隨後為他們介紹某位陌生人。他對第一組學生說：「這位先生是個性格外向的人。」而在跟第二組學生介紹時，則說：「這位先生是性格內向的人。」接下來，他向第三組學生介紹說：「這位先生是性格外向的人。」不過稍後又說：「他其實是很內向的人。」輪到第四組學生時，他顛倒了第三組的介紹詞，先說對方是性格內向，隨後又改口說他很外向。

　　之後，盧欽斯要求這四組學生依據早先的介紹詞，各別描述他們心中對這位陌生人的觀感。第一組認為他性格外向，第二組學生認為他性格內向，第三組學生認為他性格外向，第四組學生則認為他性格內向。實驗結果顯示出，第三組、第四組學生聽到盧欽斯前後不同的介紹詞時，他們傾向接收盧欽斯最先提供的說詞，這表示人們最先接受的資訊將大幅影響第一印象的形成，同時也說明了首因效應的持續時間長、心理影響力強。

第一印象的影響力

首因效應是指人際交往中給人留下的第一印象至關重要，對印象的形成影響很大。如果看見一個穿著得體、舉止優雅、言談有禮的人，多數人會猜想這個人的修養應該不錯，對人也很有禮貌，因而產生好感，友善對待，但要是看見一個穿著誇張、講話大聲、繃著一張臉的人，就可能產生厭惡、排斥、害怕的情緒，這就是人們常說的「第一印象」，也就是先入為主的效果。

美國著名人際關係專家哈伯德（Elbert Hubbard）曾提出關於第一印象的「7／38／55定律」，意即你留給他人的第一印象是好是壞，通常取決於多方面的因素影響，其中談話內容佔了7%，說話的快慢、語調、音量佔了38%，非語言部分如臉部表情、肢體動作、穿著打扮則佔了55%。這意味著首次與人接觸時，你的外在表現會影響對方對你的第一印象，而在心理學中，這便是「首因效應」的心理作用。

我們常說的「給人留下一個好印象」，一般就是指第一印象，這裡就存在著首因效應的作用。因此，在交朋友、應徵工作、談生意等社交活動中，我們可以利用這種效應，對外展示極好的形象，為接下來的交流打下好的基礎。

首因效應VS近因效應

心理學盧欽斯進一步研究發現，與首因效應相對的為「近因效應」（Recency Effect）。是指與他人接觸時，在時間與空間上距知覺較近的資訊，給人較深刻的印象。在多種刺激一次出現的時候，印象的形成主要取決於較後面出現的刺激（新近的刺激）。即人際往來過程中，人們對某人最近、最新的認識會掩

蓋以往對某人的評價。主要產生於「熟人」之間，因最近時間的某一事件，使過去形成的認識或印象發生了質的變化，你對他的印象則會被最近一次事件影響。如一個有多年交情的好朋友做了一件讓你怒不可遏的事，從此你們就「老死不相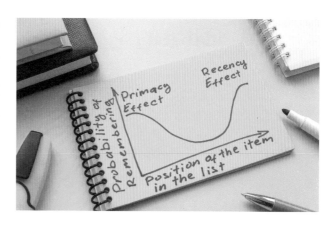往來」——這僅僅是一次不良的印象，卻壓倒了以前所有的好印象。

「首因效應」是強烈的第一印象；「近因效應」則是強烈的最後印象。兩者的區別在於：一次性接觸和短期內，首因效應起主導作用；多次和長期接觸時，近因效應起主導作用。也就是說與陌生人交往時，首因效應起較大作用，例如：面試、初次見面的朋友、相親等；與熟人交往時，近因效應則發揮較大作用。比如朋友的朋友，初次見面你可能覺得這個人很冷淡和高傲，可是相處幾次彼此較熟稔之後，發現對方其實是個外冷心熱的人。

第一印象通常較穩定、不易改變，但好發在較少接觸的人際間；至於互動頻繁的同事、朋友，首因效應將逐漸被近因效應取代。所以，人和人的交往，並不只取決於「首因效應」，短期交往，看「首因效應」。長期交往，則要看「近因效應」。

在職場上，近因效應的作用也非常大。比如面試的時候也許你的形象並沒有給面試官留下太多加分印象，但是很幸運錄取了。之後你在公司的工作表現與情商都非常出色，一樣可以扭轉最初的不利印象，成為一個優秀的員工。因為第一印象有影響力，但間隔時間長了，人的大腦就淡忘了，轉而會對最後一次的接觸印象變得深刻。

首因效應和近因效應都是片面的，容易以偏概全，我們應該清醒認識到它們的存在，並保持警覺。因為第一印象並不可靠；最後的印象也不會最終不變。

交友、求職、陌開等社交活動中，我們可以利用首因效應，透過恰當的儀容、談吐，展示給人一種極好的形象，為日後的交流打下良好的基礎，而更深層次的交往還需要你自己去完備，如良好的品德及知識和才能的累積，隨著合作關係的深化，還要不斷精進專業服務，才能維繫穩固而有效的近因效應。

 ## 首因效應引發盤根錯節的心理反應

現實生活中首次與人見面時，因缺乏其他信息，就會不由自主地以首次印象來解釋當前的知覺信息。儘管第一次印象難免對以後的知覺帶來偏見，但它又是我們認識人所不可缺少的基本信息來源，這就是首因效應得以存在的理由。

首因效應告訴我們，人們對一個人的第一印象與首次看法，將會左右彼此日後的相處模式與互動心理，而多數人可能不知道首因效應往往也牽動著以下四種心理效應。

① 定勢效應

所謂的定勢效應是指人們會侷限於既有的經驗與認知，以固定的方式判讀外界事物或是採取反應行為，一旦別人在首因效應中對你定勢，形同將你個人的言行舉止完全定型，因此就產生趨向性、專注性，或是產生分離性、偏向性。換言之，在定勢效應的心理支配下，如果別人對你的第一印象是「你值得信任」，他就會對你的每句話都深信不疑，相反的，如果對方覺得你是個表裡不一的人，那麼無論你說什麼、做什麼，他都會懷疑你的真誠度。

② 相容效應

這是指人們通常只有先接受你這個人，才能接受你的觀點，所以心理上的

相容通常是建立信賴關係的前提，如果對方與你的首次接觸中，已經在心理上接受你、認可你，之後就會消除戒備，坦誠相告，甚至對你推心置腹。

③ 月暈效應

我們觀察某個人的時候，如果對他的某項特點有清晰鮮明的認知，就會以此廣泛推論、評價他的各項特點，所以，反過來看，如果在雙方不甚熟悉的情況下，若是你能留給對方一個良好印象，就能促使月暈效應發揮正面影響，意即對方將放大好感度的光圈，以友善眼光看待你往後的言行舉止，並且樂於與你親近，相反的，要是一開始就給對方壞印象，厭惡光圈就會緊緊跟著你。

④ 威信效應

在現代社會中，一個做事可靠、具有威信、受人敬重的人，通常會讓人們重視他說的話、他做的事，並且對他產生信賴感，而良好的第一印象將有助於樹立個人威信。假設你與別人首次共事工作，並且盡可能展現你的工作熱忱、負責任的態度，留給對方一個好印象，通常就能提高對方對你的信賴感，這不僅有利於日後的工作推動，也會令做事效果事半功倍。

我們不難發現，首因效應以及它所影響到的相關心理效應，通常是人際關係後續往來的發展依據；正面的、良好的第一印象可以促進往來意願，增進關係，負面的、不好的第一印象則會降低往來意願，提早讓互動關係劃下句點。從某種程度上來說，首因效應引發的心理活動可說是盤根錯節的藤蔓，正因為如此，我們更該重視與人互動時的首次形象形成，若能替自己打造正面的個人形象，讓別人從一開始就接納你、認可你，那麼無論是在工作、社交、日常生活上，都將帶給我們相當大的助力！

博得他人良好印象的捷徑：面帶微笑

心理學研究發現，人們與一個人初次會面時，只需要四十五秒的時間就能在腦中產生第一印象，而且這最先的印象往往具有主導地位。這意味著，假使

你不能在四十五秒內獲得對方的初步好感，讓對方留下一個「你還不錯」的第一印象，通常繼續往來的機率就會降低不少，尤其在生活節奏快速的現代社會裡，很少有人願意花時間去瞭解一個印象不怎麼樣的人，不過更糟糕的是，就算有人願意花費這樣的時間，首因效應的實驗結果卻證明了第一印象通常是難以改變的。

如此說來，如果想留給別人良好的第一印象，你只有四十五秒的表現時間，而在這麼短暫的時間內，別人是從你的性別、年齡、體態、姿勢、談吐、臉部表情、衣著打扮，開始判斷你的內在素養和個性脾氣，從而形成對你的第一印象。這聽來似乎我們得準備許多功夫，才能在陌生人士面前表現良好，然而有個快速而有效的捷徑是：對人面帶微笑。

美國心理學家詹姆士（William James）曾說：「微笑先行來到，心底的快樂才能隨之而來。」微笑具有傳染性，當你對一個人微笑時，就會引發對方愉快的感受，自己也會從中感到快樂，與此同時，人與人之間的防備心還能自然消除，可見「微笑相待」對於人們的身心、社會生活都有極大幫助。如果你還在為如何留給他人良好的第一印象而煩惱，不如先從面帶微笑開始做起，這能讓你在與人碰面的四十五秒內，率先贏得友善的笑容，並且留給他人熱情、和善、友好、誠摯的初步印象，往往這就是雙方建立良性互動關係的開始。

首因效應你可以這樣用！

人類對首因效應的最佳應用就在儀表上，以貌取人是人類最為天然的本性，判斷依據就是透過肉眼觀察得出的，這種印象將從此在心中被定型、很難被改變，必須透過第二、第三次的時間來覆蓋他人的記憶，往後的相處互動都與其脫離不了關係，所以千萬別小看其產生的巨大影響。尤其在工作、面試等場景下，就必須注意自己的穿著打扮，言行舉止，因為這初次的見面起著決定性的

作用，如果我們給人留下的第一印象是糟糕的，那之後往往不會被他人喜愛，或失去更多的機會，比如在面試中，若是在面試官留下不好的第一印象，就會因此錯失去了心儀的好工作。

當你希望形塑良好的外在形象，留給他人美好的第一印象時，除了面帶微笑外，可以從以下幾點做起：

① 保持儀表整潔，打扮得體

一般情況下，人們對於衣著整潔、打扮得體的人都會萌生好感，但亮麗的外在美不代表是追求時尚或名牌、穿上昂貴西服、華麗洋裝，而是依場合時機，給予適宜的穿著，許多時候，你與其讓自己穿得「好」，不如穿得「對」，依據場合、個人特色挑選適合的裝扮，反而能讓別人留下你落落大方、裝扮得宜的好印象。

② 言談舉止有禮貌，展現風度

不管你的社會地位、身分背景、職務頭銜是什麼，與人往來時，言談舉止都要留意是否有禮貌，同時說話要從容不迫、語速要保持適中，最重要的是，當你想展現自己的才智與優點時，千萬不要誇大其詞或刻意炫耀，有時這種意圖搶奪鎂光燈的行為，只會引發他人反感，甚至認為你自大囂張。總之，務必掌握好你與他人的關係尺度，適度自我表現，才能留給他人好印象與好評價。此外，我們在別人面前的表現則要注意始終如一，不能憑著過去或者近期的表現就有所懈怠。

③ 避免以表面印象取捨互動關係

在首因效應的作用下，他人留給我們的第一印象是最具影響力，但人際往來互動時，背後的「結交目的性」往往也是短時間內難以確認，因此應留意對人不要過於先入為主，不要犯「一葉障目，不見泰山」的錯誤。在與人交往時，應該全面瞭解他人的情況，避免以片面的印象取捨、下結論，所謂「路遙知馬力，日久見人心」，判斷一個人應該注意從長期來考察，全方面觀察、了解、接觸，才能更加了解他人。畢竟過早以表面印象取捨一段互動關係，有時會發生誤交損友、錯失益友的憾事。

首因效應告訴我們，當第一印象建構好了之後，就更好讓對方慢慢發現其他的美好。人們對你的第一印象好壞，將會左右日後的相處模式與互動心理，所以在從事管理、職場社交、業務推廣、結交朋友等活動時，你應努力留給別人正面的第一印象，為自己的事業和人生開創良好的人際關係基礎，不要讓自己在起點上就失敗。

羅森塔爾效應
⤙ ROSENTHAL EFFECT ⤚

善用期待效應，勾勒你的成功心像圖。

★ ★ ★ ★ ★

羅森塔爾效應是以美國心理學家羅伯特‧羅森塔爾（Robert Rosenthal）的名字命名的。亦稱「期望效應」，是一種社會心理效應，指的是教師對學生的殷切希望，能戲劇性地收到預期效果的現象。

1968年，美國心理學家羅森塔爾與實驗小組進行了一項教學實驗，他們先是讓某小學的全體學生進行智力測驗，事後再提供一份特定名單給相關的教師，宣稱這些學生具有很大「潛力」，名單上註記的學生都被認定為擁有高智商、具有強大的學習潛力。並要求教師們務必對這份名單保密，不能對外洩露。八個月後，實驗小組進行追蹤發現，特定名單上的學生不但成績大幅提高，求知欲望強烈，就連與教師的感情也特別深厚，然而，這份名單其實是隨意擬定的，完全沒有依據智商測驗的成績進行篩選。

對於這樣的實驗結果，羅森塔爾認為這是因為老師們接收「權威性的謊言」的暗示，相信了名單上「資優學生」具備卓越的潛力，從而調動了老師們對名單上的學生的某種期待心理，寄予高度期望，因此除了會在課堂上給予學生更多的關注外，也運用了各種方式傳遞「你很優秀」的訊息，而學生在感受到教師的關注與激勵後，對於課業學習便充滿動力與信心，成績表現自然也較為優異。

以實驗結果來說，當老師對學生的期望增強，學生的表現也會相對提升，

人們把這種通過教師對學生心理的潛移默化的影響，從而使學生取得教師所期望的進步的現象，稱為「羅森塔爾效應」，而這背後透露出來的精神意涵也與一則希臘神話故事相類似。

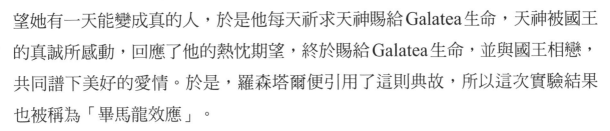

相傳塞普勒斯國王畢馬龍是位雕刻家，他精心雕塑了一位美麗可愛的少女，Galatea。他每天看著這座理想中的美女雕像，情不自禁地愛上了自己雕塑的少女雕像，不但每天與她交談，甚至期望她有一天能變成真的人，於是他每天祈求天神賜給Galatea生命，天神被國王的真誠所感動，回應了他的熱忱期望，終於賜給Galatea生命，並與國王相戀，共同譜下美好的愛情。於是，羅森塔爾便引用了這則典故，所以這次實驗結果也被稱為「畢馬龍效應」。

🎯 期待是一種力量

以上的實驗和故事都突顯了預期和期望對他人的行為和表現具有重要影響力。當人們對他人抱有高度期望時，這些高期望可以影響他人的表現，使他們更有可能實現這些期望。換句話說，人們的預期和信任可以成為一種自我實現的預言，影響被預期者的行為和表現。

實驗裡的教師對高成就者和低成就者分別期望著不同的行為，並以不同的方式對待他們，也就展現出不同成長表現。如果教師喜愛某些學生，對他們會抱有較高期望，經過一段時間，學生感受到教師的關懷、愛護和鼓勵；而以積極態度對待老師、對待學習，學生更加積極向上、自信、自愛、自強，進而取得老師所期望的進步。被老師喜愛、寄予厚望的學生往往成績會越來越好；而那些被忽視、不被看好的學生會從老師的言談舉止中感受到「偏心」，而以消極態度應對，自然就不會有優秀的表現。

我們的信念和預期可以在某種程度上塑造現實，並鼓勵我們對他人抱有積極的期望，以促進他們的成長和發展。教育者或管理者若是對學生或下屬抱持

高期望，這些高期望就會提高被期望者的表現水準。當教育者或管理者相信學生或下屬有潛力並對他們提出高標準的要求時，被期望者更有可能會實現這些要求。因為人們心中怎麼想、怎麼相信，事情往往就會如此成就。你期望什麼，你就會得到什麼。當別人給予充分信賴和期待時，我們就能相信自己一定能完成任務。

這個實驗同時也給現代職場管理者上了一堂課：對待員工必須一碗水端平，切不可厚此薄彼。老闆對員工期待高，員工也會以實際行動報答老闆的知遇之恩。就像諸葛亮為劉備的「三顧茅廬」奉獻一生一樣。也就是說這是一種實現自我預言的心理現象：「信則有、不信則無」。

人們基於對某種情境的知覺而形成的期望或預言，會使該情境產生適應這一期望或預言的效應。我們最常聽到的例子：兩位病人同住一家醫院，其中一人患了癌症，而另一人並無大礙。但醫生不小心將這兩人的診斷書弄混了。結果那位真正的癌症病患得知自己並沒有得重病後整天心情輕鬆，開心地在醫院住了一段日子後就健康地出院了。而那個原本身體無恙的人卻終日活在對死亡與病痛的恐懼中，最後竟真的罹患絕症，在抑鬱絕望中死去。

相信會成功，就會成功；反之，若認為會失敗，最終果然會失敗。如果你想成為一個聰明的人，那麼你就必須以聰明人的標準來要求自己，如果你希望別人也是個聰明的人，也要放射出同樣的訊息。

讚美使平庸變骨幹

羅森塔爾效應的應用要訣就是，「讚美、信任和期待」具有一種能量，它能改變人的行為。一個人如果本身能力不是很行，但是經過激勵後才能得以最大限度的發揮，也就變成了「很行」。突顯了一個人的情感、觀念、行為會受

到他人下意識的影響，特別是人們面對自己喜歡、欽佩、信任和崇拜的對象時，更容易接收到對方的影響和暗示，因此無論出於有意或無心，一旦對他人投射期望，並且傳遞給對方知道，就會讓對方表現出相應於期望的特性，導致預先的心理期望在個人往後的行為中獲得驗證，繼而出現「說你行，你就行；說你不行，你就不行」的現象。

有一則寓言故事是這麼說的，某天農夫將撿到的一顆鷹蛋交給母雞孵化，當小鷹破殼而出後，牠很自然地與小雞們一起長大。

有一天，小鷹抬頭看到天空有隻老鷹飛過，很感嘆地說：「如果我能像牠一樣高飛在天空遨翔該有多好。」母雞立即說：「那是不可能的！你是小雞。」其他小雞也說：「對啊，就算你長得跟我們有點不同，但你還是小雞啊。」久而久之，小鷹也相信自己是不會高飛的小雞，結果終其一生都不曾展翅高飛過。

在日常生活中，故事裡的小鷹情節也發生在許多人身上，類似「說你行，你就行；說你不行，你就不行」的經驗更是不勝枚舉。例如出社會選擇工作時，因為別人不經意的一句話：「你不適合這份工作」，結果就真的熬不過試用期而打了退堂鼓，或是上台報告前，旁人一句「你絕對沒問題」的加油打氣，忽然間就增添了無比信心，台風表現得也比往常穩健。然而令人好奇的是，他人的預期與評斷為何會產生近乎預言般的效果呢？

心理學家認為，這是因為「羅森塔爾效應」所導致的心理影響。當人們接收外界的預期與評斷時，也會同步接收言談間所蘊含的心理暗示力量，於是我們就會像被催眠一般，無形中就做出了相應行為，並且讓事情往原始預期的方向發展，而在一般情況下，內心抱持正面的期望有助於我們採取積極進取的行動，相反的，抱持負面的期望則容易讓人言行消極。

管理者對員工的期許（羅森塔爾效應／畢馬龍效應）對員工的表現起著非常大的作用。在這種效應的影響下，員工可能會給予管理者積極的反饋，按照領導的期望行事並最終達到成功。但是，羅森塔爾效應也有

負面反應。舉例來說，當管理者對某個員工的表揚和鼓勵少於對其他員工的表揚，卻沒有明確指出為何而受表揚的細節，那麼，管理者對員工的期許就不會那麼見效，可能還會起反作用。

在現實生活中，羅森塔爾效應所挾帶的心理暗示力量，除了能運用於教學、組織管理等領域，也十分適用於個人成長。每個人的潛意識裡都會對自我有所期望，例如我想成為什麼樣的人、我要過什麼樣的生活、我希望工作事業上有何種成就，而這些想法就是一種自我期許的心理暗示，往往它能幫助我們思考自己的人生規劃與未來願景，同時思索應該採取哪些行動才能實現目標，不過相較於自我內在的預期暗示，多數人顯然較容易接收到外界的預期暗示。

當一個人長期處於不受重視、不被鼓勵，甚至是充滿負面評價的環境中，若是本身心靈不夠堅強，自信心又薄弱，多半就會萌生負面思考，而對自己做出比較低的評價；與此相反的，當一個人長期處於充滿信任和讚賞的環境中，就比較容易受到啟發和激勵，思考方式、行動模式也將表現得積極而正面。由此可見，不管是正面或負面的預期暗示，只要一旦心靈接收到這些指令，就會產生無邊威力，左右人們的信念和行為。

許多科學實驗結果證明，正面暗示能夠幫助我們成功，負面暗示則會阻礙我們的發展，而無論是外界的預期或個人的自我期許，只要一個人認為自己什麼也做不到，他就會自我設限，最終一事難成，但如果認為自己能發揮獨特的特點或優勢，而且讓這種自我期許隨時佔據心靈，就能激發巨大的能量，引導個人逐步邁向成功。因此，不要害怕對自己抱持積極期望，即便面對外界的看衰，以及種種不看好的言論時，與其接受負面的心理暗示，折損自己的信心，不如正視自我價值，為自己找尋進取之道。就像進軍美國NBA的「哈佛小子」林書豪，起初也不被看好，依然能創造自己的傳奇。

大膽預想你的成功心像

命運取決於性格，思考則決定了行動。很多時候，人們總是預想自己是個失敗者，導致想法悲觀，行為消極，甚至讓自己甘於平庸，隨波逐流，而在人才輩出、競爭日趨激烈的社會裡，一個窩在角落中不求表現的人，形同拒絕了所有可能成功的機會，唯有勇於表現自我，積極進取，才能打造屬於自己的成功舞台。

你對自己有什麼期望？你的理想人生是什麼模樣？你能否揮別過去挫敗的陰影再度出發？從這一刻起，你應該期許自己成為人生的勝利者，並且大膽預想自己的成功畫面，因為積極的心理暗示力量，將會協助你將個人的身心狀態調整為成功者模式，進而能堅強你的意志，幫助你逐步朝向成功目標邁進。

無論處於哪一個人生階段，面臨生活關卡時，我們都應充分肯定自我價值，並且要善用畢馬龍效應的正面影響力，給予自己積極的心理暗示，期許自己能以智慧與勇氣解決問題，往往隨著自我激勵，我們就能保持正向思考，激發潛能，只要不半途放棄努力，堅持想要成功的決心，就算你破產、失業、負債累累，還是可以再度站起，開創人生新局。

羅森塔爾效應你可以這樣用！

那麼我們要如何應用這個期望和預期行為相關的心理效應呢？以下是一些相對應的破解方法和建議：

1 自我激勵，帶動成長

當你給予自己積極的預期暗示時，內心會充滿信心與勇氣，進而帶動正面的思考模式，自發性地追求更好的境界。例如預想自己「我一定能成為優秀的業務員」，遇到銷售困境時，你的思維就會是「我該怎麼改善問題」、「我能如何有效運用資源」，這不僅能激發「越做越好」的潛能，也能啟動工作過程中的良性循環。

2 自我實現預期

了解羅森塔爾效應也可以幫助我們更好地理解自己的行為和期望。我們可以反思自己的預期，確保它們是積極的，有助於實現我們的目標。對自己保持積極的期望，相信自己能夠克服困難並取得成功，這將激勵您更積極地追求目標和夢想。

3 建立良好的溝通

對於教育者、管理者或領導者來說，應該對學生或下屬保持積極的期望，當人被正向期待時，他就會往更好的方向發展。若主管對部屬表達高度信任、充分授權，那麼受到肯定和激勵的員工，所展現的自信、能力，也會超越原本的預期。因此要建立開放和良好的溝通，確保員工或學生能夠清楚了解期望，鼓勵他們實現更高的目標，並提供員工或學生所需的教育和培訓，以確保他們有足夠的技能和知識來應對高期望，並相信他們能夠做到最好，鼓勵和支持他們，維持健康和積極的互動。

4 建立自信

　　對於個人來說，了解自己的潛力和能力，以及設立自己的目標和期望，是克服外部預期影響的關鍵。並積極培養自信心，相信自己能夠克服挑戰並實現目標，不要讓外界的負面預期或期望左右自己的信心和行動。自信的人更有可能抵抗外界負面預期的影響，並實現成功。

　　羅森塔爾效應提醒我們，預期和期望可以對他人的表現產生重大影響。我們可以運用這些效應來激勵自己和他人，創造更多的成功和積極的經驗。如果一個人不斷地接受來自自己或者別人「你行」的暗示，或許有一天，你會取得自己想都不敢想的成就；如果一個人不斷地接受來自自己或者別人「你不行」的暗示，或許有一天，你連自己本可以做好的事情也會搞砸……，我們可以通過自我認知、自信、支持、溝通和公平對待來破解負面的預期影響，並創造一個積極和富有成效的環境。

暈輪效應
⇢ HALO EFFECT ⇠

你是暈輪效應的受益者？還是受害者？

　　暈輪效應（Halo Effect），又稱「月暈效應」、「光暈效應」、「光環效應」，是指人們對他人的認知首先是根據初步印象，然後再從這個印象推論出認知對象的其他特質。也就是，人們對人的認知和判斷往往只從局部出發，擴散而得出整體印象。這種心理現象，美國教育心理學之父桑代克（Edward Lee Thorndike）於1920年提出了「暈輪效應」一詞作為解釋。

　　當時桑代克進行了一個實驗，要求軍事軍官對其部下的表現進行評價。他發現如果軍官對某個特定特點（例如外貌、服裝整潔、身高、長相等）給予正面評價，那麼他們往往也將其他方面的評價看得較高。也就是如果一個士兵長得特別帥或體格壯碩，那軍官在評價這名士兵時，就會認為他在其他方面應該也會比別人優秀，能跑得更快、射擊得更準等。

　　桑代克認為這是一種認知偏差，人們在評價他人時容易受到單一特點的影響，而忽略其他重要的因素。往往因為對他的某一方面特徵，掩蓋了其他特徵，從而造成人際認知的障礙，指在人際知覺中所形成的以點概面或以偏概全的主觀印象。人們對外界事物的判斷，常常是放大解釋了事物的局部特點，並且容易以偏概全，這就像是颱風前夕抬頭望月，當月亮周圍出現的暈圈不斷彌漫、擴散，人們便會感覺月亮比平日要增大許多。當一個人的某項優點獲得肯定，或是具有特殊長才，或在某種領域表現相當突出時，人們就會主觀地將「好感光圈」放大到這個人的全部，從而給予對方高度評價，評價甚至會遠高於這個

人實際的表現或能力，與此相反的，當一個人的某些缺點惹人厭惡，人們就會放大「厭惡光圈」，對他的評價會遠低於他的實際表現。最後乾脆否定對方的一切，這就是所謂的偏見。這種愛屋及烏的強烈知覺的品質或特點，就像暈輪的光環一樣，向周圍瀰漫、擴散，從而掩蓋了其它品質或特點，所以也有人稱之為光環效應。

很顯然的，暈輪效應是個人主觀推斷的泛化、擴張結果，正面的評價創造了一種光環效應，使人們傾向於將這種正面評價推廣到其他方面。當一個人留給他人的印象是「好」時，人們就會把他的言行舉止用「好」的角度去解釋。像是學歷至上論、明星的商品代言廣告、權威機構的調查報告、專業人士的評論等等，都是我們日常生活隨處可見的暈輪效應例證。

你不自覺用了「暈輪效應」嗎？

——高學歷的人，通常工作能力也很優秀。

——長相英俊、漂亮的人，腦袋應該也很靈光。

——字寫得漂亮的人會讓人覺得是很有內涵的人。

——專家比較有學問，幾乎什麼都懂。

——知名人士推薦的商品值得信賴，品質有保證。

你是不是也這樣認為呢？其實以上這些都是源於「暈輪效應」的知覺偏差，即人們對他人的認知判斷首先是根據個人的好惡得出的，並未冷靜分析個人內在的一面，僅憑著特徵或是外表的判斷而推論出這個人的其他品質。

當我們嘗試判斷學歷與工作能力、長相與智慧、名人推薦與商品品質的連結關係時，對於以上的描述，有些人恐怕會嚴正反駁，但有更多的人在第一時間是抱持肯定態度。但事實並非完全如此，像是被稱為蘋果教主的賈伯斯（Steve Jobs）並未擁有高學歷，但他的畢生成就被譽為傳奇故事，又好比某些知名人士代言的商品在市場上熱賣

暢銷，不久後卻因商品出了狀況而引起消費糾紛。

　　儘管人們都自認為自己能理性地判斷外界的人事物，可是在日常生活中，如果面對一位名校畢業生，多數人會在內心先預設他的工作表現一定也相當優秀，而這種先入為主的想法卻常讓人判斷失誤，推演出錯誤結論。更重要的是，這一切都是無預警地自然發生。

以偏概全讓你誤判情勢

　　正如歌德所說：「人們見到的，正是他們知道的。」日常生活中，暈輪效應往往是悄悄地卻又強有力地影響著我們對人的知覺和評價。其最大弊端就在於以偏概全，具體表現在以下三方面：

1. 它容易抓住事物的個別特徵，習慣以個別推及一般，就像盲人摸象一樣，以點代面。有時我們抓住的事物的個別特徵並不能反映事物的本質，但我們卻仍習慣由部分推及整體，以致於隨意抓住某個或好或壞的特徵就斷言這個人或是完美無缺，或是一無是處，而陷入片面性的錯誤。「一見鍾情」就是因對象的某一方面符合自己的審美觀，而對其他不相配的點都視而不見。或是對某人印象欠佳，很容易就會忽視其做的好事或優點。

2. 它把並無內在聯繫的一些個性或外貌特徵聯繫在一起，斷言有這種特徵必然會有另一種特徵。暈輪效應往往產生於自己對某個人的瞭解還不深入，因而容易受知覺的表面性、局部性和知覺所帶來的選擇性影響，從而對於某人的認識僅僅專注於一些外在特徵上。有些個性品質或外貌特徵之間並無內在聯繫，但我們卻容易把它們聯繫在一起，斷言有這種特徵就必有另一特徵，以外在形式掩蓋內部實質。如外貌堂堂正正，未必正人君子；看上去笑容滿面，未必面和心慈。比如，說到商人，總和「唯利是圖」掛鉤等這樣刻板印象，就很容易產生認知偏差。因為人心不同，各如其面，而刻板印象所根據的卻並非認識對象本人的事實。

3. 它說好就全都肯定，說壞就全部否定，這是一種受主觀偏見支配的絕對

化傾向。從喜愛一個人的某個特徵推及到喜愛他整個人，又進而從喜愛他這個人泛化到喜愛一切與他有關的事物，如成語所說的「愛屋及烏」。又比如有的老年人對青年人的個別缺點，或衣著打扮、生活習慣看不順眼，就認為他們日後一定沒出息。

總之，暈輪效應是人際交往中對人的心理影響很大的認知障礙，所以在交往中要盡量地避免和克服暈輪效應的副作用。

暈輪效應後座力──搭順風車，走成功路

暈輪效應以偏概全的現象，常會影響對人、產品、品牌等的判斷。例如某些人被認定很厲害，便會被一股正面光環籠罩，進而被塑造成全能的形象，反之亦然。

企業怎樣才能讓自己的產品被大眾瞭解並接受？一條捷徑就是讓企業的形象或產品與名人相粘連，讓名人為公司做宣傳。那些電視廣告文宣幾乎都是找知名歌星、影星，那是因為有明星代言

的商品更容易得到大家的認同。若是標榜「某某知名藝人也在使用」或是「某某知名機構也讚不絕口」這樣的推薦，也比較有公信力對吧？這就是運用名人或是知名機構的光環而建立信任感。一位作家一旦出名後，以前壓在箱子底的稿件就全然不愁發表、銷售，這都是暈輪效應（光環效應）的作用。

為什麼人們普遍相信權威單位發佈的資料，以及專家名人的評論，卻對鄰居、朋友閒談時提及的類似看法存疑？因為在暈輪效應的作用下，權威單位象徵的是一種公信力，專家則代表某一領域的菁英份子，人們不由自主地就會在心裡對他們產生信服感，甚至全盤接受他們的說法。這也是為何業務員會利用科學報告向客戶證明自家產品優點的緣故，往往因為權威機構、專家陣營的背

書，對於建立消費者的認同度就輕鬆多了。

精品與名牌的商品就很常被暈輪效應（光環效應）所籠罩，比如說蘋果公司的商品就是如此，很多人對於蘋果公司的商品都有著光環效應的認知偏差。這是因為蘋果公司在智慧型手機市場是第一品牌，有著良好聲譽，這會讓人直覺認為蘋果公司的其他產品應該也有良好的品質。如蘋果發布的空間運算頭戴式裝置Apple Vision Pro（定價3499美元，2024年初2月2日在北美上市，將從1月19日展開預購），在其尚未正式發售期間，網上的評價多為正面看待，這就是受到光環效應所影響。

不管是對於公司或個人來說，打造自己的專長或特色，打造代表作之後，就能營造「愛屋及烏」的效果，只要充分利用自己身上的「光環」，順利讓別人對自己有著「光環效應」的認知偏差，就有助於改變別人的看法：對於公司來說，客戶更願意購買自家商品；對於個人來說，更能獲得周圍的人的正面肯定與信任，自我行銷會事半功倍。

🔬 月暈光圈下，你是明日之星，還是無用廢柴？

我們不難發現暈輪效應在日常生活中無孔不入，小從購物消費、大至國族信心，只要仔細檢視都能探查到它的蹤影，但也正因如此，我們更不能忽略一個真理─凡事都有一體兩面。善用暈輪效應雖能讓人獲得正面回饋，可是一旦落入以偏概全的陷阱，它也會為人們帶來負面的心理衝擊，特別是年輕上班族剛步入社會展開白熱化的人生競爭時，多數人會開始比往常更在意外界的評價，往往別人的一句讚美、一句批評，很可能就是天堂與地獄的心境差異。

暈輪效應之所以也稱為光環效應、成見效應，主要是因為它在人們評價人事物時最易發生作用。像是我們常說的「情人眼裡出西施」因被對方某一點所

吸引，而覺得她什麼都好。是典型的一美遮三醜。我們常會將一個人具備的某個特點擴大或泛化到其他層面，如同對方遞上寫滿頭銜的名片時，上頭任何一個管理職稱的光圈，就能使人產生「這人很厲害、很成功」的印象，然而有些時候，擁有頭銜並不等同握有實質權力。也就是說，如果根據少量的局部資訊建構對這個人的大概印象，造成我們無法客觀評價他人，同樣的，別人也難以實事求是地對我們做出評價，如果我們沒有看透這一點，就會輕易被外界評價所綁架。

當別人批評你、斥責你時，無論是接受指教或澄清辯駁，都應避免落入以偏概全的暈輪效應陷阱，意即不要因為外界的打擊而完全自我否定，失去自信，尤其是面臨職場挫折的時刻，更要留意暈輪效應的負面心理作用。有些人遭遇職場上的工作挫敗時，很輕易就自我懷疑、迷惘沮喪，彷彿長久以來的努力與表現都瞬間歸零，假若又遇到年齡增長的問題，可能會感覺屬於自己的時間、體力、競爭條件越來越差，想要東山再起的可能性也就變得越來越渺茫。日復一日，在嚴重焦慮感、絕望念頭的交相煎熬下，職場暈輪效應的負面影響力就會形成一股強大殺傷力，不但讓人鑽牛角尖、抑鬱低迷，也讓人凡事負面思考，最終喪失鬥志和活力。

如果說過度在意批評會導致一個人自暴自棄，那麼，沈迷他人的讚美則容易使人不求進取。當別人讚揚你、稱許你時，千萬不要因此沾沾自喜或自我膨脹，你的頭腦應保持清醒，確認自己是哪一項特點獲得大家的肯定，然後持續向上提升，如果對方的稱讚讓你覺得內心不踏實，就應找出你認為不足的地方，設法揚長補短。一旦沈迷於他人的讚賞光環，志得意滿而忘了再追求成長，就會為你帶來了負面的影響，因為高度評價經常伴隨了高度期待，擁有某種榮耀感太久，只要一被人遺忘或被人否定，難免都會產生空虛失落、急躁不安的感受，無法自我調適心情的話，就會開始哀嘆自己懷才不遇、苦無表現機會、怨天尤人，嚴重影響個人的生活、事業與社交。

因此對人、對事保持平常心，賦予自己與他人一個適當的定位，並且留意

暈輪效應帶來的認知偏差，才能在評價自己和別人的時候實事求是，避免落入以偏概全的盲點而導致難以彌補的錯誤。

 ## 暈輪效應你可以這樣用！

我們瞭解了暈輪效應後，就要揚其長，避其短，擴大暈輪效應的正面效果，減少它的負面效應產生。我們可以從以下幾點做起：

❶ 培養全面的觀察能力：

人是複雜的，不是只有一個面而是個多面體，看到其中的一面不代表其他面也是如此。要多角度思考，避免過度簡化或片面地看待人或事物，不要僅僅依靠第一印象或片面資訊做出評價。

❷ 多角度地去考察一個人

不要相信「一見鍾情」，而要相信「日久見人心」。收集多種信息和觀點，不要僅依賴第一印象。有些人善於偽裝，如果能從多個角度去瞭解，比如通過他身邊的人，或者不同場合的表現，他和不同的人在一起的  表現等，以獲得比較全面的關於他這個人的資訊。盡量多尋求他人意見，當對某個人或事物評價存疑時，可以尋求他人的意見和建議。

❸ 不隨意給別人貼標籤

避免看到一個人某個特點就急於給人歸類、貼標籤。這種簡單粗暴的分類會蒙蔽了我們的眼睛，讓人懶得再去發現他人的不同特徵。嘗試將對一個人的評價分開來，不要因為某個特徵的評價而影響對其他特徵的看法。要培養批判性思維能力，並警惕到自己也容易受到光環效應的影響，要隨時自我反省，審視自己的偏見和傾向，多參考他人的反饋和具體證據，而不僅僅是你

的主觀印象，如此可以幫助你形成更準確的評價。

4 為自己博取好感度與認同度

　　善用暈輪效應，你可以在日常生活中為自己創造有利條件。自我推薦、工作面試、參加競爭選拔、比案時，適度突顯你的「特點光圈」可以加深對方對你的印象，比如面試時談及專業訓練認證、業界年資、學經歷、優秀的工作成績、獨特長處，將能吸引主考官的注意力，但切忌表現得誇大不實、傲慢自負，以免引發暈輪效應的負面效果。

5 利用光環增加說服力

　　推銷商品、爭取合作對象、商務談判、尋求他人支援時，可以利用意見領袖、名人背書、科學報告、數據資料來佐證你的說法，往往透過這些象徵「權威」、「事實勝於雄辯」的印象光環，將會提高對方對你的信任感。

刺蝟法則
⸙ HEDGEHOG EFFECT ⸙

找準定位，不越邊界；親疏有度，方可長久。

★ ★ ★ ★ ★

　　刺蝟法則源自於一次生物實驗，生物學家為了研究刺蝟在寒冬中的生活習性，讓實驗人員將十幾隻刺蝟放置於戶外的空地上。在冷風吹襲下，刺蝟們凍得渾身發抖，只好緊緊依偎在一起取暖，可是相互靠近後，又因彼此身上的長刺迫使牠們必須分開。實驗人員發現，刺蝟們多次聚了又分，分了又聚，不斷地在受凍與受刺之間掙扎，直到最後，牠們找到了一個適當的距離，讓彼此可以相互取暖，又不至於受傷。

　　根據這項實驗結果，心理學家總結出了刺蝟法則，強調人與人之間的互動往來要留意心理距離。當彼此的關係越緊密、心理距離越小，反而越難清楚感受到對方的優缺點，有時相處上還會失去應有的尊重，甚至傷害到對方，但是當彼此的關係越疏遠、心理距離越大，可能又造成信任感薄弱、互動冷淡的狀況，因此人與人之間最佳的心理距離，應該像寒冬中的刺蝟一樣「不遠不近」，既能彼此相互關懷扶持，又能給予雙方足夠的心理自由度與隱私空間。

人際交往的四個距離

隨著商業生活形態的改變，人際關係除了維繫個人與他人的情感流動外，許多時候也影響著個人的利益與社會地位，所以「人脈就是錢脈」的說法自然也不脛而走。無論基於經濟理由或情感因素，我們嘗試建立自己的人脈資源時，首先要面臨的就是與他人相處時的「心理距離」問題。蔡康永曾說：「人和人的關係，超過了那個分寸，就叫添麻煩。」由於每個人的好惡與交友法則都不相同，有時刻意與人保持距離會被視為冷漠、自大、不合群，可是一旦過度熱絡又可能帶給他人精神壓力與困擾。

《底層邏輯》一書中寫到：「邊界感的本質，是對所有權的認知。你要知道，什麼是你的，什麼是他的。你在你的範圍內做事，他在他的範圍內做事，如果要跨越邊界，就需要先徵求對方的同意。」所以即使關係再好，也不要失了「邊界感」，畢竟牙齒有時候還能咬到舌頭。那麼到底該如何拿捏互動分寸才能皆大歡喜？

只有距離合適了，才能舒舒服服湊在一起。人與人的相處也是如此，「遠而不疏」是能力，「近而不入」是智慧。

人與人之間存在或遠或近的距離，距離的遠近能大致確定出相互間的親疏程度。美國人類學家愛德華・霍爾博士為人際交往劃分了四種距離。這種空間距離不但界定了交往的形式，而且確定了交往的廣度與深度。

1 親密距離：15 公分～ 44 公分

15公分以內，是最親密區間，彼此能感受到對方的體溫、氣息。15公分～ 44公分之間，身體上的接觸可能表現為挽臂牽手，或促膝談心。在異性，只限於情侶、夫妻、親人等之間，而在同性之間，往往只限於貼心朋友。在這種私人情境下，如果有一個不屬於這個親密距離圈子內的人

隨意闖入，不管他的用心如何，都會讓人覺得不適，也容易自討沒趣。

❷ 個人距離：45 公分～ 1.2 公尺

指朋友之間的距離，比親密距離要大一點。這是人際交往中稍有分寸感的範圍，差不多我們伸手能碰到對方的距離，正好能相互親切握手，友好交談，但不容易接觸到對方身體。這是在進行非正式的個人交談時最經常保持的距離。任何朋友和熟人都可以自由地進入這個空間。而如果不怎麼親密的人與你相處時侵入了這個距離，就會被視為一種侵犯。

❸ 社交距離：1.2 公尺～ 3.7 公尺

指僅僅是彼此相識的人相互之間的距離，就像隔一張辦公桌那樣。一般在工作環境和社交聚會上，人們都保持這種禮貌的距離，太近招人反感，太遠又會忽略對方。這個距離已超出了親密或熟人的人際關係，而是體現出一種社交性或禮節上的較正式關係。一般適用於工作環境或社交聚會。

❹ 公眾距離：3.7 公尺～ 7.6 公尺

是指沒有關係或不認識的人之間的距離，例如公共場合中無關係人之間的那種距離。這是一個幾乎能容納一切人的「門戶開放」式空間，既自由，又自在。人們完全可以對於在同處於這一空間的其他人「視而不見」、不予交往，因為彼此相互之間未必會發生一定聯繫。

人人都需要在自己身邊有一個能夠把握的自我空間，我們會自覺或不自覺地形成自我的「領域」意識，當我們的空間和領域被他人觸犯時，人便會覺得不舒服、不安全，甚至開始惱怒。參考以上的人際交往距離，建立自己對人際距離的敏感度，將彼此間的距離保持在最適當的位置，如果模糊了邊界，或是越界了，就會造成困擾和傷害。

人際交往中的「刺蝟法則」告訴我們，與人保持既能相互關心、又保有獨

立空間的心理距離,將有助於良性互動關係的建立。這種距離不僅僅是空間上的,也包括心理上的,距離太近,原本的吸引力也會變成排斥;距離太遠原本的吸引力就會慢慢散去,所以刺蝟效應並不是要求人們相敬如冰,而是保持一個讓彼此都輕鬆自在的心理距離,既不要束縛住自己也不要侵犯到別人的個人私領域。這個距離不會因走得太近而帶來傷害,還能夠維持雙方美好的印象。

不遠不近,才能長長久久

人際交往的過程中,互動方式、往來心理距離的拿捏都是學問,一個不懂拿捏人際互動分寸的人,很容易在學習、工作、生活、社交上遭遇挫敗,其影響不容小覷,而所謂的「距離拿捏」不僅是物理現象與心理現象,也是攸關個人與外界情感互動的深遠問題。心理學家曾經做過一個實驗,當大眾閱覽室裡面只有一位讀者時,如果心理學家直接走過去坐在對方身邊,將會發生什麼事情呢?

實驗結果顯示,八十位受測者在完全不知情的情況下,沒有一個受測者能夠忍受一個陌生人緊挨著自己坐下,大部分人都會很快地默默站起,改找別處的位置坐下,有些人還會帶著戒備的神情直接問:「先生,你有什麼事情嗎?」

這個實驗說明了,每個人都需要一個可以自我掌握的活動範圍與心理空間,這感覺就像有一個無形的防護罩,可以讓自己放心地待在安全領域內,而當這個安全領域被人侵入了,就會感到緊張不安、不舒服,甚至惱怒起來。這也意味著,人與人互動時如果能保持適當的心理距離,將能避免雙方產生排斥、逃避、敵對的心理反應。當然了,人際交往的心理距離不是固定不變的,它必須依具體情境、相互了解雙方的關係、社會地位、文化背景、人格特質、個人心境等因素,具有一定的伸縮性,因此我們應根據具體情

境的不同，及時調整雙方往來的心理距離，而在一般情況下，刺蝟法則所強調的「距離不遠不近」原則，對於大多數人來說都十分適用。

成為利己利他的聰明刺蝟

人際之間的往來互動是很微妙的心理歷程，過分熱情或過分冷淡地對待都會使人不自在，而互動頻率的多寡也並非與交情深淺成正比，就像天天碰面的人未必是知心好友，久久才見一面的人卻可能是你最信任的人。

正因為情感具有不可預測性、快速流動性以及相互影響力，人們會視往來對象的言行舉止、身分背景、情感表達做出回應，但失衡的互動模式往往會造就負面關係的產生，連帶地也影響到生活中的各個層面。例如，獨生子女因為父母的寵愛有加、無限度的呵護，可能比較欠缺獨立性，又以自我為中心；伴侶之間常因溝通障礙，造成感情嫌隙、家庭失和；職場同事因為競爭意識過強，上演辦公室角力戲碼，導致工作職權混亂；上司與部屬的關係過於親近，使得從屬角色不明，公私不分，做事失去原則。

其實在各類人際關係中，每個人都是獨立的個體，也都有自己的喜怒哀樂與情感需求，我們雖然無法取悅所有人，但至少不要製造對立關係，或是讓互動關係惡化，有道是：「多一個朋友，就少了一個敵人。」人生發展的道路上，如果能多獲得一份友善的助力，為什麼要搬石頭砸傷自己的腳呢？而這也正是刺蝟法則帶給我們的啟示：與人保持適當的往來距離，不因親近而流於隨便，而忘了要互相尊重，不因生疏而冷漠，你

才能做出利己利他的事情，也才能確保人際關係走向正向循環。

以法國政治家戴高樂（Charles de Gaulle）為例，他就是徹底實踐刺蝟法則的代表人物。身為法蘭西第五共和國的首任總統，戴高樂顯然是一位以決斷力見長的政治領袖，在擔任總統的多年任期內，他的用人哲學就是一句座右銘：「保持一定距離。」他曾對新上任的辦公室主任說：「我聘用你兩年，而正如

人們不能把參謀部的工作當作是自己的職業，你也不能把辦公室主任當作是自己的職業。」

事實上，從秘書處、辦公廳到參謀部等顧問人士和智囊團，幾乎沒有人的工作年限能超過兩年，換言之，這些職位每隔兩年就會有新臉孔上任，這自然也深刻影響了他與顧問、智囊團和參謀們之間的互動關係。

無獨有偶的，前通用汽車公司（General Motors）總裁史隆（Alfred P. Sloan）也堅持與員工保持適當距離，力求做到公私分明，親疏有度，而當員工發生意外負傷時，他總會在第一時間趕到醫院探望，此舉既獲得了部屬們的敬重，又激勵了組織內部的凝聚力與向心力。

由此可見，當我們與他人建立友好的互動關係時，若能善用刺蝟法則，讓彼此往來冷熱有度，不但可以獲得別人的尊重，也能確保自己在待人處事上不喪失原則，從而進一步獲得高品質、高信任感的人脈資源。

想將人脈轉化成資產？你必須踏實經營

依據哈佛大學的研究發現，許多傑出人才或許並不具備強悍的專業能力，但他們懂得運用不同的人脈資源幫助自己解決棘手問題。然而你就算認識了許多不同領域的朋友，也不代表你能真正把這些人脈轉化成實質資產！在繁忙的現代生活中，每個人都想積極開拓人脈，但卻疏於「經營」人際關係，久而久之，真正的人脈並未建立，充其量不過是認識了很多人而已。許多人企圖建構屬於自己的「黃金人脈」時，常會以為自己只要勤於社交、多多與人交換名片、展現親和力，就能在必要時刻獲得援助與支持，然而十分現實的問題是，當你需要幫助時，憑什麼別人該對你伸出援手，助你一臂之力？你必須敬重他人，也獲得他人的敬重，並讓雙方重視彼此之間的友誼，才有可能達到相互扶持、互動愉快的境界。

刺蝟法則告訴我們人際互動要拿捏尺度，給予雙方舒適、自在、尊重的互動空間，而在深化人際關係、贏

得他人友誼時，我們則要留意以下五大原則。

① 保持真誠

　　人們為了生存和利益，常會在人前戴上假面具，但爾虞我詐的欺騙、虛偽的敷衍、偽裝的真誠只會折損人際關係，唯有發自內心與人真誠往來，交情才能經得起考驗。沒有人會無緣無故地接納我們，別人之所以願意與我們長期往來，往往是建立在我們對其友善、尊重、信任的前提下，所以如果你希望別人誠懇對待你，請先表現自己的真誠態度。

② 維護別人的自尊心

　　與人交往的過程中，如果想當個處處逢迎別人的濫好人、牆頭草，是無法獲得他人的敬重的。如果遇到你想拒絕或感到不妥的事，應該在不傷害他人自尊心的情況下，表達自己的立場與想法。換句話說，就算你與對方再親近，也要學會善用溝通技巧，委婉表達不同意見，為別人保留面子。

③ 創造對等的互動關係

　　要讓別人從內心深處接納我們的關鍵，就是必須創造出平等、自由的互動氣氛，一旦我們擺出高姿態或是畏縮膽怯的樣子，只會增加雙方互動時的壓力與困擾。值得一提的是，當你必須與有利益衝突的人往來時，顧及到日後或許位置與關係會發生改變，最好能保持適當的友善交往距離，避免對立衝突。

④ 雪中送炭勝於錦上添花

　　無論是工作還是生活，每個人多多少少都會遇到一些煩惱或難題，當朋友需要幫助的時候，在自己的能力範圍內伸出援手，雪中送炭的行為將會讓人從心底感激，也會讓彼此的情誼更進一步。

⑤ 拿捏人際之間的角色分際

　　許多時候，我們能與他人維繫長期的往來，常是因為有共同語言、互有好

感，所以有些人會希望彼此能發展親
密的戀情關係，但如果現實狀況不允
許，比如某方已有婚姻關係，我們就
必須拿捏人際之間的角色身分，將感
情投入限制在友誼的範圍內，要是對
方直接示意，也應明智地將其化解，
千萬不要默許或鼓勵對方，以免製造
無謂的糾紛與困擾。

刺蝟法則你可以這樣用！

1 以不遠不近的心平衡各種情感關係

不管是職場互動、親子、愛情或友誼關係，與人保持適中的心理距離，不
因親近而逾矩、隨便，不因生疏而冷漠，才能避免出現盲目、失去分寸的行為，
或是造成互動關係的失衡。此外，我們與人相處時，要學會消刺，就是要收斂
我們的性格和脾氣，尤其是與關係越親密的人相處，不讓自己的刺傷到對方。
如果不夠包容，就別走的太近，如果不夠大度，就別付出太多。有人說：親人
之間，距離是尊重；愛人之間，距離是美麗；朋友之間，距離是愛護；同事之
間，距離是友好；陌生人之間，距離是禮貌。

2 以刺蝟法則作為職場關係的經營原則

身處職場，與同事之間、上司之間，存在著既合作又競爭的關係，這表示
你無法因為討厭某些人而不合作，也很難因為喜歡某些人就放棄競爭，採取親
疏有度、分工合作又各司其職、相互支援又各負其責、不逾越職權的行事態度，
才能在獲得團隊支援的同時，展現自我的價值與能力。

3 與下屬保持「親密有間」的關係

領導者應該與下屬保持「親密有間」的關係。為什麼呢？因為如果領導者

與下屬親密無間地相處，容易導致上下不分、稱兄道弟，在工作中喪失原則。因此，領導者應與下屬保持心理距離，既要表現出親和力，也要給人敬畏感，獲得下屬的尊重，又能保證在工作中不喪失原則。

4 把握恰當的時間距離

刺蝟效應告訴我們，保持適當的距離，才能既互相取暖，又不至於刺傷對方。這裡的距離當然也包括時間距離。每個人都有屬於自己的時間，如果你無故佔用別人的時間，影響別人正常生活，是對別人的一種不尊重，還會影響你們之間的感情。

聚光燈效應
⊹ SPOTLIGHT EFFECT ⊹

你的缺點，別人才不會那麼在意。

★ ★ ★ ★ ★

1999年，康乃爾大學心理學教授湯瑪斯・季洛維奇（Thomas Gilovich）和美國心理學家肯尼斯・薩維斯基（Kenneth Savitsky）在期刊上發表「聚光燈效應」的實驗，證實了這種聚光燈效應的存在。

實驗要求受試者穿上印有過氣明星頭像的T-shirt，走進已有5人的房間。研究人員先詢問穿這件T-shirt的受試者：「你覺得會有多少人注意到你身上這件T-shirt？」再去問房間裡的那5人是否注意到T-shirt上的頭像？結果顯示，「穿T-shirt的學生」猜測，大約有一半的人會注意到這件過氣的、令人尷尬的T-shirt，而實際問過後，卻僅2成左右的人會注意到T-shirt上是什麼圖案。

季洛維奇和薩維斯基由此推論：人們太在乎和自己有關的事物，以為別人的目光都聚集在自己身上，總認為自己是一切的中心，是所有情境的焦點，這就是聚光燈效應，又稱焦點效應。

這個現象就像現實中，人們經常過於擔心自己的缺點會被人留意到、自己的偶爾的出錯會帶來別人的負面評價，總是高估別人對自己注意程度，而對說錯話、出醜時感到困窘。但事實上別人對我們的關注，遠遠低於我們的想像。

過於在乎別人怎麼看自己

✅ 「我今天上課被老師點名了沒回答出問題，同學們是不是都在取笑我？」

✅ 「喝咖啡時不小心滴在白襯衫上，回家才發現，是不是很多人都看到我的醜樣了？」

✅ 「上班途中，你無意中發現自己的頭髮有點亂。你覺得全世界都盯著你的頭髮，逼得你一路梳理、按壓，到了公司後，還低頭衝進座位，不敢多看同事一眼。」

✅ 「在公開場合，當你站起回答問題或演講時，感覺全場所有人的目光都在注視著你，你感覺自己內心的一點小波動、語調的微顫、雙腿抑制不住地抖動……這些好像都會被在場的人看穿。」

　　生活中你是否總是覺得別人在關注自己呢？你是不是曾經也有過這樣的體驗，特別是在出醜的時候總會特別在意別人的看法，不自覺地放大那些難堪的時刻，深刻地記得每一件糗事，每一次被旁人注視著的時刻，但其實並沒有人在一直關注你，這只不過是你放大了自己的缺點而已，周圍的人根本就沒那麼在意你。畢竟，誰會在一個陌生人身上，投入太多的時間和精力呢？我們之所以會有這些心理，就是聚光燈效應在作祟。就像處在聚光燈下，因為被人所關注而產生緊張不安、非常焦慮的情緒，即害怕被注意又希望被注意。

　　英國心理專家艾瑪・庫克認為，有兩種情況最容易遇到「聚光燈效應」：在重要公眾活動之前，一個人會抑制不住地想像很多消極的、令自己尷尬的場景，並強迫自己想出應對措施。把自己的思想蜷縮在內心，而不是真實地觀察外在的環境，就好像有一隻聚光燈照在你頭上，所有的眼睛都在盯著你。

　　中國表演藝術家英若誠，曾經講過他小時候的一個故事：他生活在有幾十口人的大家庭。每到吃飯時，大家都會到大餐廳一起用餐。有一次，英若誠想跟家人開個玩笑。於是在吃飯前，他把自己藏在了餐廳的一個櫃子裡，期待著有人來找他，想像著大家焦急地到處找他的情境，他就覺得好玩。他決定等到

大家找不到他時，自己再主動跳出來。遺憾的是，大家津津有味地吃著飯，誰也沒有發現他不在。等到所有人吃飽了，離開了餐廳，他才沮喪地走出來，吃著桌上的殘羹剩飯。這件事讓他明白了：「永遠不要高估自己在別人心中的位置，否則你會大失所望。」

我們總是高估別人對我們的關注程度，總以為自己是世界的中心，所有人都得圍著我們轉，認為所有人的注意力都集中在自己身上。所以會特注意自己的外貌和行為，保持對外的形象，避免一個不小心，別人就會討厭你。太在乎自己在別人眼中的看法，常常因為自己說的話而反覆推敲；別人不經意的眼神，也會搞得你擔心受怕，導致很多事都做不好。舉上臺演講為例，本來你就準備得很好，但你因為過度在乎大家對你的看法，失去了本來放鬆的樣子，搞得自己特別緊張，這時候又擔心眾人注意到你語調的微顫、雙腿抑制不住的抖動，自然影響到正常發揮，於是表現得一塌糊塗。這就是一個人過度關注自己，對自己起到的反效果。

已經有無數實驗證明，別人並沒有那麼關注我們，只是我們的自我意識在作祟。你得意識到，別人根本沒那麼在乎你，大家都有著自己的生活。不妨適時提醒自己，「每個人都只在意、擔心自己，他們才沒有心思來注意你」。下次當你覺得自己好像又出糗，先別急著臉紅，而是抬頭看看他人的反應，就會發現你大概是唯一察覺這個糗態的人，再也不用特別尷尬或憂慮了。凡事都應該有個度，過分地在意別人的看法，過分關注自己，都不利於個人的發展。明白了這個道理，才能過好自己的人生。

人為什麼會產生聚光燈效應呢？

我們都知道日常生活中不會出現聚光燈，但我們在覺得自己犯了錯、出了醜站在一群人面前時，總會覺得尷尬、手足無措，好像有一個無形的聚光燈，

把我們的醜態放大暴露到眾人面前。那我們又為什麼總會陷入「聚光燈效應」呢？為什麼總是那麼在意別人的目光呢，其中的心理分析如下：

1 虛假同感偏差（False Consensus Bias）

因為自己這樣認為，就覺得每個人的想法也會是這樣，甚至覺得如果經驗類似，對方的想法和思維也會和自己差不多。在心理學上稱為「虛假同感偏差」。簡單來說就是：誤以為大家都和我想的一樣。

當我們相信自己的行為很顯眼時，我們也會認為別人也會和我們一樣十分在意。這種虛假認同感偏差讓我們總是在無意間對別人的反應過於敏感，放大了周圍人對自己的反應，得到錯誤的反饋，以為自己的感受就是別人的感受，但其實都是我們的自我意識在作怪，別人並沒有那麼在意。

2 評價自己的行為存在主觀偏見

人總是自戀的，習慣性地認為自己才是世界的中心，把自己看得很重要（可能認為自己正站在聚光燈之下）。人們太習慣於從自己的角度看問題，很難準確判斷別人的觀點，所以評價自己的行為時，容易產生偏差，因此也就會把自己在別人眼中的行為放大成千上萬倍。他們會無意識地在意別人對自己的看法，總是希望給別人留下完美的印象，所以會過度地關注自己。而且注意力是一種有限的資源，過於專注自身，反而很難意識到其他人可能並沒有那麼關注我們。

3 源於心理學的透明度錯覺

通俗來說，就是我們總能敏銳地覺察自己的情緒，然後產生一種透明度錯覺，認為他人同樣能一目了然我們的情緒。導致人們錯誤地認為自己的很多擔憂和心理狀態，都是因為我們表現出來的表情洩露出去的，因為所有人都可以看到。人們認為當別人可以看到自己的反應，就能感覺到自己的感受。然而實際上，只有漲得通紅的臉和緊張得發

抖的手，以及額頭上冒出的冷汗，這種過於明顯的徵兆之外，沒人能分辨出我們其實正處於行為失態後的焦慮中。通常自我意識程度越強，就會越信奉這種透明度錯覺。然而實際上，我們所遭受的這些煩惱，別人通常注意不到，即使注意到也可能很快就會忘記。忘不了那些出醜尷尬局面的就只是我們自己。

🎯 如何才能擺脫「聚光燈效應」？

聚光燈效應就是說，無論在哪兒，我們都會認為聚光燈永遠打在我們身上。以致於我們高估別人對自己的關注程度。之所以會有這樣的心理，是因為人都是以自我為中心的，覺得自己是最重要的，就如同聚光燈下的明星，別人應該自然而然關注到我們，如果自己做得不好，就會被人笑話。這裡的自我為中心並不是我們常說的自私，而是指：我看到的一切，應該也是別人看到的。我感受到的一切，也應該是別人感受到的。我的視角，也是別人的視角。但真相是，我們全都過分高估了周圍人對我們的關注度，大多數人忙著思考自己的事都來不及了，哪有空會想到你。試想，如果你知道別人根本不會評斷你，那你的作為與成就或許就會大不相同；你或許就比較敢在團體中表達意見、敢暢所欲言，而不會因太在意別人的看法或眼光而讓自己的一舉一動受到局限。

那麼我們要如何有針對性地做一些改變，避免陷入「聚光燈效應」呢？可以從以下幾點做起：

1 學會換位思考

我們的想法未必就是別人的想法，所以不妨嘗試換位思考，站在別人的立

場多角度思考問題，減少慣性的認知偏差。當我們站在他人的角度看待當時當地的狀況，就可以更好地感知他人。當我們意識到注意力集中於自身時，可以試想如果自己是旁觀者會是怎樣的態度。如果我是他，他會把我看得很重要嗎？有效調整自己感受中不合理、被誇大的部分，用正確的心態看待自己。

② 積極的心理暗示

當我們出錯的時候，第一反應不是「怎麼辦？是不是很多人都看到了，他們會笑我嗎？他們以後會怎麼看我？」而是要對自己做積極的心理暗示：「沒有人會在意我的，不要急的。」

心理暗示的力量就是一個人潛意識的能力，在特定的情境裡、特定的時間裡，人的潛在能量會爆發。不斷地向自身輸入有效的積極的信號，人的言行舉行就會受到一定程度的感染，進而收到一個好的結果。所以在出現受自我中心思想引導的時候，要給予自己積極的心理暗示，不用太在意別人的看法，堅定地相信自己，用正確的心態看待自己。

③ 認識自己的優勢和不足

人們往往受聚光燈效應影響而過分強調自己的優勢，而忽視自己的不足。因此，要擺脫聚光燈效應，就要意識到自己的表現並不代表真實的自我，需要大量的訓練和練習。首先要調整自己的心態，認識到自己的優勢和不足，你可以通過關注自己的思維和情緒狀態來瞭解自己的真實想法和意願，從而更好地發展自己。在工作或面試中，你可以自覺地記錄下你的情感變化、思維過程以及行為體現，以此來更好地認識自己，並透過自我反思發現自己的潛在問題，並採取相應的措施解決這些問題，從而逐步抑制聚光燈效應。

④ 借助他人的力量和幫助正確評價自己

不能合理、客觀地評價自己就容易成為自戀或自卑的人。當個人無法全面

的自我瞭解和自我判斷的時候，可以坦承自己，借助信任的朋友和親人的力量，幫助我們正確地瞭解自己。知道自己不足的同時，就要增強對自身閃光點的肯定。要明白的每個人都有自己獨特性，人無完人，我們可以做到的是發現並保持自己的閃光點。

5 多通過活動開拓自己的視野

聚光燈效應往往會讓人們過分關注某個領域或某個人物，而忽視其他方面。因此，可以嘗試與一些性格外向的朋友參加一些社會活動，認識不同的人，以謙卑的心態，學習他們身上的優點，不做完美的人，而是做真實的人。在活動中轉移自己的注意力，不要太過在意別人的目光，活在當下，全情投入時便可以忽略他人視線獲得一種全新的精神體驗。並學習多角度思考，拓寬自己的視野，瞭解更多的領域和人物，從而更好地發展自己。

6 降低自我期待

學會時刻放低對自己的期待，別把自己看得太重要，要認識到我們還沒有重要到能讓每個人的目光都傾注在我們身上。明白自己在別人心中沒有那麼重要，也就不會再因為得不到別人的關注和肯定而苦惱了。只要認清楚我們在別人心裡沒有那麼重要，就不會因為別人無意識對我們做出的一些反應就感到焦慮和煩惱。真正做好自己，用正確的思維角度看待世界。

虛假同感偏差
→ FALSE CONSENSUS BIAS ←

別把你的觀念強加在我的身上，我們的人生不一樣！

　　虛假同感偏差（False Consensus Bias），又叫「虛假一致性偏差」，也稱「錯誤共識效應」。是指人們常常高估或誇大自己的信念、判斷及行為的普遍性，甚至把自己的特性賦予在他人身上，假定自己與他人是相同的。簡單來說，就是認為自己的想法，也是別人的想法，或者認為別人一定會認同自己的想法。

　　這個認知偏誤的發現，是1977年，由史丹佛大學的社會心理學教授Lee Ross通過實驗研究總結出來的。證明了虛假同感偏差是如何影響人們的知覺和決策的。

　　Lee Ross找來一批大學生，並詢問他們是否願意掛上寫著「Eat at Joe's（來Joe's餐廳吃飯）」的廣告牌，在校園裡轉悠三十分鐘。實驗測試前，並不告訴這些大學生這家餐廳飯菜品質如何，只是告訴他們這樣做的好處在於「可能會學到一些東西」，不過如果不願意的話，他們完全可以拒絕。並且讓他們猜猜其他同齡人是否會願意掛廣告牌，有多少百分比是願意和不願意的。

　　實驗結果顯示，在同意掛廣告牌的大學生中，62%認為其他人也會同意這麼做；在那些拒絕掛廣告牌的人當中，只有33%認為別人會同意掛廣告牌，也就是說他們認為有67%的人會和他們一樣會拒絕。同時，他們對於與自己意見不同的人，做出了這樣的猜想——同意掛廣告牌的人可能說：「那些拒絕的人是怎麼回事？這有什麼不好？真是假正經！」拒絕掛廣告牌的人則說：「那些同意掛廣告牌的人真是古怪。」

　　這成功證實了人們虛假同感偏差的思考謬誤——人們傾向於認為大眾和自己的想法一致或有較高的相似程度，但實際上並非如此。顯然，他們的估計和對別人的判斷是不正確的，他們誇大了自己意見的普遍性，而且堅信自己的

判斷和行為的正確性。這就是普遍存在人們思維中的虛假同感偏差。此外Lee Ross還發現一個有趣的現象，和與自己有相同選擇的人相比，人們對於和自己有不同選擇的人的人格做出了更為極端的預測。也就是說，當遇到有衝突的資訊時，我們會堅持自己的想法，並認為那些與自己的意見和觀點不一致的人「有問題」，一旦別人跟自己的想法不一樣，就認為那些人是「怪胎」。就像愛吃甜豆花的人會覺得怎麼會有人喜歡吃鹹豆花。

虛假同感偏差簡單說就是：

✅ 人們會更容易記住與自己相同的觀點，而忘記與自己不同的觀點。也就是說人們會選擇性認知。

✅ 人們會更願意與認同自己觀點的人交往。也就是說不僅會有選擇性認知，也會選擇性接觸。

✅ 當與自己不同自己的觀點同時出現時，人們會更容易重視自己的觀點，而忽視不認同自己的觀點，所以會出現「多數人認同」的假像。

✅ 因為人們傾向於將帶有強烈自我主觀意志的判斷，誤當作是根據事實客觀推理出的結果，所以會認定別人也會得出相同的結論。也就是將自己的主觀判斷，當做是邏輯推論的結果，所以就會誤以為別人會認同自己的觀點。

⚛ 不要總以自己的喜好去衡量別人

以下簡單的故事能幫助我們更好地理解「虛假同感偏差」。

在一個寒冷的冬天，一名木匠帶著孩子在地主家幹活，木匠勤奮地工作，做大汗淋漓，就一件一件把衣服脫掉了。這時他想起了他的孩子，生怕孩子也會很熱，也一件一件將孩子的衣服給脫掉了，後來孩子竟被凍死了。

《晉書‧惠帝紀》記載：某年發生大饑荒，老百姓沒有糧食吃，草根、樹皮都吃沒了，許多人因此活活餓死。這個消息被傳到皇宮中，晉惠帝坐在皇座

上聽聞後問大臣：「百姓無粟米充飢，何不食肉糜？」（意思是說，百姓肚子餓沒米飯吃，什麼不去吃肉粥呢？）

以上兩個故事在我們看來會覺得很誇張，不可思議，這種將自己的感覺「推己及人」的用在別人身上，卻是很典型的「虛假同感偏差」指人們判斷事物總是從自己的生活經驗或經歷出發，遇到生活經驗之外的事情時，就以過去的經驗為參照點，往往做出與事實不符的判斷。

「有一種冷，叫做我媽覺得我冷；有一種知道叫我以為你知道；有一種簡單叫這麼簡單你怎麼不會……日常生活中，我們經常這樣會「以己度人」，以自身來推斷別人。認為別人的想法、習慣、想法、行為都會跟我們一樣。比如：自己好交際也認為別人好交際；自己愛貪小便宜，也認為別人多少跟自己一樣，自己喜歡跳舞，那你可能就會高估你身邊也有很多人喜歡跳舞。就像吃火鍋點菜時，我們通常會點自己覺得好吃的，比如說豆皮，點好兩盤之後，最後發現剩很多，因為我們會以為自己喜歡吃的，別人也喜歡吃。

我們常常聽說的以小人之心度君子之腹，就是心理學效應之虛假同感偏差的真實寫照。由於人們傾向把自己的想法特性投射與他人身上，擴大了自己認知的「普遍性」，而認為所有人都擁有一樣的想法。也就是說，一個人信利而不信義，他會認為身邊大多數人都是這樣，所以就會不斷地以一種懷疑的心態去衡量身邊的人和事。虛偽之人常常會過度揣測別人的心思，常常以自己的心思站在自己的角度來看待問題，看待他人。這種「擴大普遍性」造成的另一個更深層次的影響是對於世界觀、人生觀和價值觀的影響，而這種影響並非來自思考，而是來自於「虛假同感偏差」。

在人際交往中，我們習慣用自己的標準去衡量別人的行為，衡量周圍的事物，而不曾想過將自己擺在對方的位置，用對方的視角來看事情。就像你喜歡看抖音，就認為大多數人也都喜歡看抖音玩直播，實際上這只是自己的臆想猜

測而已，卻因為這樣的同感偏差使得自己堅信這一事實。所以，要避免盲目地用自己的行為模式去揣測他人，我們需要站在客觀的角度，以平等的心看待相應的問題以及人、事、物，尊重別人觀點，要接受「求同存異」的事實，聽取他人的意見、考量對方的視角，這樣才會獲得客觀的評價。通常來講，我們在日常工作中，要小心被「虛假同感偏差」所誤導：

- ✅ 把自己的某項愛好或者需求，看成普遍性剛需而去創業，如自己喜歡吃過橋米線，於是就開了一家過橋米線餐館，發現生意並不怎麼好。如果你對某一個行業沒有深刻的認識，就貿然去創業，就很有可能失敗，
- ✅ 認為自己所瞭解的背景資訊，也是對方所瞭解的，從而導致的「雞同鴨講式溝通」。
- ✅ 只接收與自己觀點一致的資訊，從而導致一言堂。不要過於相信自己的主觀意見，因為每個人都有自己獨到的見解，我們要抱持開放的心態，不要總是認為大家的意見都和你一樣，這只會讓溝通陷入無意義的迴圈，浪費彼此的時間。

為什麼人會有虛假同感偏差呢？

我們一起來看一下，人在什麼時候最容易有虛假同感偏差：研究人員發現，通常在以下幾種情況下，「虛假同感偏差效應」現象就會出現，更加容易操縱我們的意識：

1 當外部的歸因強於內部歸因時

一個人失敗或犯錯時習慣將把原因歸結於外部的人、事、環境的原因，而不從自身內部找原因，就容易引起虛假同感偏差。例如，在工作上出現失誤，上司指摘是你的錯誤和不足，但是習慣外部歸因的人會將失敗歸因於任務太難、他人配合不好等等外部因素，而自己根本是一點問題都沒有。這就跟自己

的歸因模式產生了衝突，這時你不但不會接受還會產生抵觸心理，基於這種模式導致你會為自己的錯誤找各種理由，從而維持自己的正確性。

2 當前的行為或事件對你非常重要時

一個職員在面臨一次晉升機會前，需要他投入大量時間工作，若此時朋友想給他介紹女朋友認識，但他想到這次晉升對自己很重要，所以為了讓自己能繼續心安理得地投入工作狀態，他會以「談戀愛很麻煩、我覺得單身其實也挺好的，很自由……等理由去說服朋友和自己，以此來確保自己當下能夠集中注意力在晉升這件重要的事情上。那麼這時虛假同感偏差也會被加強。

3 當你對自己的觀點非常確定或堅信時

相信大家都聽說過直銷，而那些做直銷事業的人都對自己的做法非常確定和堅信，無論旁人如何勸說都不會動搖。其實這是因為他們已經深陷在虛假同感偏差之中。他們認為你的勸說都是因為見不得我好，我的做法沒有問題，你們都是錯誤的。這就是當你對自己的觀點非常確定或堅信時，虛假同感偏差會得到加強的現象。

4 當你的地位或正常生活和學習受到某種威脅時

當你有一個自己不太能接受的缺點被別人戳中時，你內心感受到被威脅，所以會想盡一切辦法保護自己。這時可能就會找出各種證據和理由來掩蓋自己的缺點，會傾向蒐集支持自己想法和假設的證據，而選擇性地忽視與自己不同的觀點。比如被別人說自己是一個小氣的人，這時候當事人就會找出各種以往的例子來證明自己很大方，以此來維護自己。因為人在受到威脅時會習慣性地捍衛自己，此時就會不斷強化自己本身的信念，哪怕對方說的是對的，還是會堅持自己的信念。

5 當你將其他人看成與自己是相似時

當周圍的人跟自己有一些相似之處時，基於這種相似我們會不斷忽視他人與自己的差異，不斷地將他人看作跟我們一模一樣的人。例如：新認識一個朋友，他的性格跟自己有相似之處，比如都是外向、大方的類型，基於這種相似性你會認為朋友應該跟自己沒有差異，無論是感受、能力、經歷應該都同步才對。這種想法也會催生虛假認同偏差，當有一天發現朋友跟自己在某件問題上居然存在不同的觀點時就會特別接受不了。

這些場景的一個共同點，那就是當你覺得「可能失控」時，「虛假同感偏差」就會加大強度，幫助你強化你的自我認知，人們在潛意識裡，都有一種「說服自己」的傾向，這種傾向可以幫助我們抵禦外部的影響，而「說服自己」的最有效的方式，就是——相信真理掌握在大多數人手裡，而我所建立的認知是大多數人都有的。

如何打破虛假同感偏差呢？

當我們需要自己給自己打氣，自己給自己提供強大的精神支持的時候，那虛假同感偏差就是非常好的，它讓我們相信自己，堅信自己沿著計畫好的路走下去終會成功。但若是用錯了地方，那很可能會演變成盲目自大。古語有云：「兼聽則明，偏信則暗」，「己所不欲，勿施於人」。沒有人能做到完全客觀看

待一件事物，我們自己也一樣，也會戴著濾鏡去看人。所以，請時刻記住這三句話──「我是我，他是他。」「我不是他，所以我不知道他在想什麼。」「如果想要知道他怎麼想，請收集多點資訊，或者直接跟他確認。」減少對他人的干涉、訓練自己開放性思維的能力，通過理解他人立場，接納更多的觀點。

那麼，我們如何來控制「虛假同感偏差」，讓其發揮好的作用，而抑制其不良影響呢？建議如下：

① 換位思考，要有同理心

每個人都是他自己世界裡的主角，換個角度考慮，你便不會太執著於自己的意見；要學會多與別人溝通，瞭解別人的想法，而不是自作聰明地去猜測別人的心理甚至替別人做決定。

當我們將自己的判斷和喜好強加到別人身上時，「虛假同感偏差」效應就出現了。比如老闆覺得傳統的紙本ＤＭ廣告效果最好，但他沒意識到現在的年輕人都不愛拿廣告單，反而喜歡看短視頻刷網頁，結果花大錢印製文宣還派工讀生在街頭發，但效果很差根本就發不完。所以要換位思考，要從對方的位置去找答案，而不僅僅是基於自己的判斷。因為每個人看問題的角度不一樣，對事情的判斷標準不一樣。不要拿自己的標準去衡量他人，要試著站在他人的角度去看問題，瞭解他們的關注點，這樣，我們才能知道別人真正想要的是什麼，我們的決定才能得到大多數人的認同。

② 空杯心態，求同存異

德國哲學家萊布尼茨說過：「世上沒有兩片完全相同的樹葉。」更沒有完全相同的兩個人。每個人都有不同的想法，你有堅持自己觀點的權利，別人也沒有必須認同你觀點的義務。在堅持自己觀點的時候，避免強加自己的想法在他人身

上，我們要懷著空杯心態，尊重並聽取他人的不同意見，兼聽則明，偏信則暗，將不同的觀點和意見記錄下來，接收所有相關資訊，將關鍵點圈出來，去綜合分析和思考，最後再做決定。

③ 反向思維，自我攻擊

經常對自己的觀點進行自我攻擊，讓自己的信念和認知不斷進化，從而更加的成熟和穩定。

一般情況下，大家習慣於順著事物發展的正方向去思考問題並尋求解決辦法。尤其是做了決定之後，會更加堅信自己的判斷和信念，下意識忽略他人的意見，以致一條道走到黑，錯失改正的良機。對此，我們要進行反向思考，運用逆向思維去驗證，同時對自己的觀點進行自我反駁，站在對立面做自我攻擊，讓自己想得更加深入和全面。這樣做，能不斷優化自己的思維模式和認知，讓自己變得更加理性，思考問題能更全面。

④ 加強我們對世界的認識

我們在接收資訊時，往往會帶著一些先入為主的觀念和價值觀念，這些觀念和價值觀念會對我們的判斷和評價產生影響。然而世界並不是我們想像中的那樣，通常自己只能看到一個側面，就好比盲人摸象一樣，能理解一部分，卻看不到全域。所以在評價一件事之前，試著從各個角度收集一些有用的資訊，我們還需要反思自己的思維方式，嘗試擺脫這些先入為主的觀念和價值觀，以更加客觀、理性的方式看待事物。用開放的心態去看世界，多嘗試脫離自身視角去看待事物，並保持好奇心。在接收資訊的時候，我們需要保持好奇心，不斷地探究和探索新的想法和資訊，接受不同的觀點和看法，以便更加客觀、全面地瞭解事物。當我們有了充分的資訊，事物便會清晰地展現在我們面前，那麼我們也就不再是一個自以為是的人，這種虛假同感性偏差也就不攻自破了。

蝴蝶效應
⟜ BUTTERFLY EFFECT ⟜

讓微小差異帶來巨大改變！

★ ★ ★ ★ ★

　　生活中我們總聽到「蝴蝶效應」這個詞，那「蝴蝶效應」是什麼呢？蝴蝶效應指在長時間和大範圍內，微小的空氣系統變化可能導致連鎖反應，並最終導致其他系統的極大變化。

　　蝴蝶效應一詞，源自於美國氣象學家羅倫茲（Edward Lorenz）1979年的一次演講。他以「可預言性：一隻蝴蝶在巴西輕拍翅膀會導致德州產生一場龍捲風？」（Predictability： Does the flap of Butterfly's Wings in BrazilSet off a Tornado in Texas）為講題，闡述渾沌理論的各種現象，由於蝴蝶拍動翅擾動空氣，導致其身邊的空氣系統發生變化，並產生微弱的氣流，而微弱的氣流產生又會引起四周空氣或其他系統產生相應的變化，由此引起一個連鎖反應，最終導致其他系統的極大變化。比喻長時期、大範圍的天氣預報，往往因為微小的因素造成難以準確預測的後果，而這樣的說法肇因於他的某次氣象研究工作。

　　平常羅倫茲在辦公室操作氣象電腦時，只需要將溫度、濕度、壓力等氣象資料登錄，電腦就會依據內建程式運算出未來可能的氣象資料，隨後再類比出氣象變化圖即可，然而，某天他想進一步追蹤某段氣象記錄的變化，於是便把某時刻的氣象數據資料重新輸入，好讓電腦計算出更多的後續結果。由於當時的電腦運算速度不如現今快速，在結果出來之前，他趁著空檔和友人喝了杯咖啡，一小時之後，當他回到辦公室看到結果報告時，只能用目瞪口呆來形容。報告的結果和原始資訊兩相比較下，初期資

料還差不多，可是越到後期，資料差異就越大，看起來簡直就是不同的兩種資訊，一番思考後，他知道不是電腦運算出錯，而是一開始輸入數據資料時，羅倫茲為了省事，將數值應該是0.506127給四捨五入，用0.506代替。其實我們平時工作也經常會這麼做，對吧？沒想到這些微的誤差會以指數形式增長，變成了一個完全不同的天氣狀況。這就相當於說，你測量某地大氣壓數值如果有萬分之二的誤差，你預測出來的天氣就從晴天變成下雨了。誰能想到起初微小的變化可能會在時間和空間中擴散，最終產生重大影響。

蝴蝶效應其實是一種比喻，並不是蝴蝶只要在那拍動幾下翅膀，就一定會發生災難。而災難的發生是經過一系列的連鎖反應導致的，蝴蝶只不過是一個引子而已。其後被世人引申為，萬事萬物息息相關，即便事物一開始的條件只有極微小的改變，過程中也可能引發連鎖反應，進而導致事物發展出極好或極差的結果。

 ## 1%的錯誤導致100%的失敗

西方流傳著一首民謠貼切地說明了蝴蝶效應：「丟失一個釘子，壞了一隻蹄鐵；壞了一隻蹄鐵，折了一匹戰馬；折了一匹戰馬，傷了一位騎士；傷了一位騎士，輸了一場戰鬥；輸了一場戰鬥，亡了一個帝國。」馬蹄鐵上一個釘子是否會丟失，本是初始條件的十分微小的變化，但其「長期」效應卻是一個帝國存與亡的根本差別。

今日的消費者越來越相信感覺，品牌、購物環境、服務態度……這些都他

們是否購買的依據。對公司而言100名客戶中只有一位不滿意，企業可能覺得這沒什麼；但對該客戶而言，他是真實感受到100%的不滿意。而這位客戶的不滿意，就有可能令企業付出10倍甚至更多的努力去補救聲譽。有些小事可以糊塗，有些小事若是經系統放大，則對一個組織、一個國家

來說是很重要的，就不能糊塗。就像是，有些小事被放大後，對一個組織、一個國家來說影響是很巨大、很重要的。

蝴蝶效應告訴我們：不起眼的一個小動作卻能引起一連串的巨大反應。一個壞的微小的機制，如果不加以及時的引導、調節，會給社會帶來非常大的危害；或一個好的微小的機制，只要正確指引，經過一段時間的努力，將會產生轟動效應，或稱為「革命」。

蝴蝶效應通常用於天氣、股票市場方面，因為在一定時段難以預測的比較複雜的系統中，如果這個差異越來越大，那這個差距就會形成很大的破壞力。這就是為什麼天氣或者是股票市場會有崩盤和不可預測的自然災害。

從科學角度來看，蝴蝶效應說明了在混沌系統中，事物發展的結果對初始條件具有極為敏感的依賴性，意即初始條件的微小變化經過不斷放大後，將能對未來狀態造成巨大差別，而從現實生活來說，一次刺殺事件便挑起了世界大戰的軒然大波，更是強而有力地證明了蝴蝶效應的威力。

一九四一年六月二十八日，奧匈帝國在吞併波士尼亞不久後，隨即於鄰近塞爾維亞的邊境地區進行軍事演習，由於當日是塞爾維亞人民的國恥日，奧匈帝國的軍事演習格外具有挑釁意義，奧匈皇儲斐迪南（Franz Ferdinand）大公甚至親自檢閱了這次演習。演習結束後，斐迪南大公返回塞爾維亞市區時，遭到年輕刺客普林西普（Gavrilo Princip）的槍擊而斃命，日後世人稱此為塞拉耶佛事件（Sarajevo Incident），並且將之視為第一次世界大戰的導火線，因為隨後奧匈帝國立即以此作為發動戰爭的藉口，拉開了第一次世界大戰的序幕。可

見在蝴蝶效應的作用下，國際局勢常常是牽一髮而動全身的情況。

我們往往沒有意識到，生活中任何一個小小的舉動、習慣、想法，這一切可能在當下看來似乎毫無關係，卻會對我們的未來產生極大的影響，牽一髮動全身。一個微小的選擇可能會影響我們的未來人生道路。比如在學習中，一個微小的努力和改變可能會帶來更好的成績和未來發展機會。人生中碰到大大小小的決定時，我們一開始不一定會有個一致的回應，而在這些不一致當中，每一次的振翅都在改變我們的未來。

就人際關係來說，人與人之間的互動往來、情感交流往往十分微妙細膩，從一開始的結識、日後相處到呼朋引伴的聚會，過程中都會不斷產生化學反應，這意味著當我們要拓展人際關係、建立屬於自己的人脈資源時，應該重視每次與人結識的機遇，因為你永遠不知道透過人際網絡的交叉擴展後，自己與別人將從中獲得多少豐盛禮物，當然前提是你必須揮動翅膀，採取正確的社交行動。例如，你可以試著在每個週末去一個不同的地方，與不同的人交往，運用蝴蝶效應的原理，來實現偶然的運氣帶來的影響。

每一個人都不要忽略你身邊每一個小事，每一件小事的背後都隱藏著一件大事，想要成就一件大事就要先從一件小事做起，永遠不要忽視你身邊的每一件小事，它有可能就會是你成功路上舉足輕重的一個因素。

蝴蝶效應VS多米諾效應

蝴蝶效應說明事物發展的結果，對初始條件具有極為敏感的依賴性，初始條件的極小偏差，將會引起結果的極大差異。當一個人小時候受到微小的心理刺激，長大後這個刺激會被放大，是很有可能造成心理方面的疾病。指的是一件表面上看來毫無關係、非常微小的事情，在未來可能帶來巨大的改變。

多米諾骨牌，想必大家都知道。玩骨牌時，須按一定間距排列成行，輕輕碰倒第一枚骨牌，其餘的骨牌就會產生連鎖反應，依次倒下。多米諾骨牌就很直觀地表現出在一個相互聯繫的系統中，一個很小的初始能量就可能產生一系列的連鎖反應。這個效應通常被用來比喻一種連鎖反應，其中一個事件會引起另一個事件，直到出現一個大的結果。它常被用來比喻系統內的因果關係。常用於暗示事件一定發生或發生的可能性極高，因為多米諾骨牌已經開始倒下；或者事件不可能發生或發生的可能性極低。例如在一匹健壯的駿馬身上放一根稻草，馬毫無反應；再添加一根稻草，馬還是絲毫沒有感覺；又添加一根……一直往馬兒身上添稻草，當最後一根輕飄飄的稻草放到了馬身上後，馬竟不堪重負倒臥在地。第一根稻草的出現，一開始還只是無足輕重的變化，還只是停留在量變的程度，難以引起人們的重視，但一旦「量變」呈幾何級數出現時，災難性就不可避免地出現了！

多米諾骨牌效應和蝴蝶效應的本質區別就在於「過程」的不同。蝴蝶效應的產生過程是不確定的，是沒有規律的；而多米諾骨牌效應的發生過程則是有跡可循的，是有規律的點與點的過程發展與變化是一致的。第一棵樹的砍伐，最後導致了森林的消失；第一場強權戰爭的出現，可能是使整個世界文明化為灰燼的力量。

蝴蝶效應的形式是隨機、不可預知的。由於環境的複雜性和不確定性，它的影響也是不可預知的，可能會導致不同的結果。因此，我們很難控制或干預它的結果。這也是為什麼我們常常聽到「蝴蝶效應」這個詞時，都是在指一些無法控制的事件。因為蝴蝶效應是隨機的，所以它的影響也是難以逆向的，也就是說，我們很難通過改變最終結果來改變最初的因素。

多米諾骨牌效應的形式是穩定、可預知的。因為它的表現方式是按照一定的順序，從一個確定的開始，逐個推倒下去，直到最後一個骨牌倒下。而且，每個骨牌的倒下都是可以預測的，因為它們都是按照相同的方式被推倒

的。所以我們可以預測每個骨牌的倒下，並且可以通過改變它們的位置和順序來改變整個過程的結果，是可以逆向的，同時，它也具有回饋作用，因為我們可以在整個過程中觀察到每個骨牌的倒下情況，根據這些資訊來調整後續的推倒。

　　總的來說，蝴蝶效應和多米諾效應都是指一種因果關係的連鎖反應，但它們之間還是有所不同。蝴蝶效應是隨機的、不可預知的，難以控制和干預，同時也難以逆向和回饋；而多米諾骨牌效應是穩定的、可預知的，易於控制和干預，同時也是可以逆向和回饋的。

蝴蝶效應你可以這樣用！

　　蝴蝶效應存在於我們每個人的身邊，我們必須要瞭解蝴蝶效應的危害，做到早發現早預防，要堅持注意初始條件的微小差別，要對這方面的微小差別保持高度的「敏感性」，及時調整自己的心態和情緒，時刻保持一種健康清醒的心態。只要明白了「蝴蝶效應」的危害，就能及時注意調整防微杜漸，如何遏制你生活中的「蝴蝶效應」，可以從以下幾方面做起：

1 小改變可以有大影響

　　蝴蝶效應也稱為敏感依賴於初值條件，它告訴我們，一個微小的變化可能會在未來產生複雜的影響。我們每時每刻都在不停做選擇，不同的選擇會產生不同的結果，有些選擇的影響可能會慢慢累積，一直影響著我們，之前的種種已經成就了現有的一切，而現在的抉擇決定未來，所以一個小的調整、改變或舉措可能會引發重大的結果。這可以是積極的，也可以是負面的。想一想：如當初不那樣做，現在會不會更好？如果我們有能力去改變過去，現在會不會過著不一樣的生活？當你有了一個改變的想法，就會影響你接下來的行為，而你的行為將會影響周遭的一切，包括跟你互動的人、你所使用的物品、還有任何事件發生時你所做的回應。只要巧妙地應用蝴蝶效應的槓桿因素，就能改變我們的人生。例如：在人際往來中，一切都會互相影響，無論現在的家庭狀態如

何，只要有一個人願意修正心態、付出行動，就如同蝴蝶效應般，必會帶動整體氣氛，進而使整個家庭關係朝更好的方向前進。

❷ 要「防微杜漸」，不要「亡羊補牢」

「蝴蝶效應」往往給人一種對未來行為不可預測的危機感，從積極方面來說，就是要做到防微杜漸。「蝴蝶效應」告訴我們，任何一個細微變化都會對全域產生深刻的影響，而細節又往往能決定成敗。所以我們應該要具備敏銳的觀察力，發現問題就要在第一時間去解決，因為解決得越早，成本就越低，而不是放之任之。很多大型火災事故的發生就是因為沒有在第一時間消滅初期火災，導致火勢進一步擴大，最後再也無法控制。所謂觀察力，就是要能全面、深入、正確地觀察事物的能力，細心和專注細節是防止錯誤和問題擴散的關鍵。要練就一雙善於把握事物變化軌跡的慧眼，學會透過現象看到本質。與此同時，也要從身邊的人事物，以及各種資訊中，及時掌握有效資訊，從初萌芽的徵兆中推測未來的發展、變化，才能及時遏制生活中的「蝴蝶效應」，也才能從容應對未來不可控事件的挑戰。

❸ 謹慎決策並做風險管理

謹慎選擇我們的行為和決策，仔細考慮每一個決策所可能帶來的變化及可能的連鎖反應，評估每個步驟的可能影響，並事先了解可能的風險和後果，制定好應對之道，以確保我們的行動和決策不會引發不必要的問題或風險，達到所期望的結果。當你準備去做一件事的時候，如果這件事的系統非常不穩定，那麼，我們就要非常的仔細認真，把風險化解，讓系統穩定，那麼成功的機率就會多一些。

你清楚並意識到你的每一個當下的想法、決定、行為嗎？隨著每次的變化改變，都能延伸到一個截然不同於以往的未來，而你擁有能輕易改變這個未來的力量，所以別低估自己，你所擁有的影響力遠遠比你想像的來得巨大。

莫菲定律
→ MURPHY'S LAW ←

機率大於零的事，均可能發生！

★ ★ ★ ★ ★

　　莫菲定律，最早起源於美國愛德華茲空軍基地的工程師愛德華‧莫菲（Edward A. Murphy）的工作感想。

　　一九四九年，莫菲參與了一項專門研究人類對加速度承受能力的實驗──MX981火箭減速超重實驗。其中有一個實驗環節是將16個精密傳感器裝在受試者座椅上，然後加壓，只要傳感器沒有發出警報，就能再繼續加壓，以便研究人員記錄實驗過程中受試者對加速度的承受能力數據。傳感器需要安裝兩條接線，一旦接反的話，就無法讀取實驗數據。當這些傳感器安裝完畢後，實驗進行結束後，研究人員傻眼了，竟一個資料都沒有。原來，這16個傳感器的接線居然無一例外地全部接反了，導致實驗結束之後未能獲得任何數據！

　　面對這樣的結果，莫菲上尉很無奈地表示自己在設計傳感器的時候沒有考慮到有人會將線接反的可能性。他自嘲道：「如果一件事情有可能被人以錯誤的方式處理，那麼，最終肯定有人會犯下這樣的錯誤。」也就是說，不管科學技術如何發達，只要有人參與，就不可能確保每一個環節都不出錯。事實上，步驟越複雜，參與的人越多，出錯的機率就越大。

　　莫菲的這段自我調侃在愛德華茲空軍基地傳開了。一句本沒什麼太深的含義，只是說出了壞運氣帶給人的無奈。或許是這世界不走運的人太多，或許是人們總會犯這樣那樣錯誤的緣故，這句話被迅速擴散，最後演繹成：「事情如果有變壞的可能，不管這種可能性有多小，它總會發生，並引起最大可能的損失。」這就是二十世紀最著名的心理學定律──「莫菲定律」（Murphy's Law）的起源。

　　莫菲定律在技術界不脛而走，因為它道出了一個鐵的事實：技術風險能夠

由可能性變為突發性的事實。隨著時間推移，莫菲定律迅速流傳到世界各地，並且不斷擴充它的原始意涵，而最常見的說法就是：「凡事只要有可能出錯，那就一定會出錯！（If anything can go wrong, it will.）」同時也出現越來越多的版本詮釋，例如：「如果壞事有可能發生，不管這種可能性有多麼小，它總是會發生，而且還會引起最大可能的損失。」

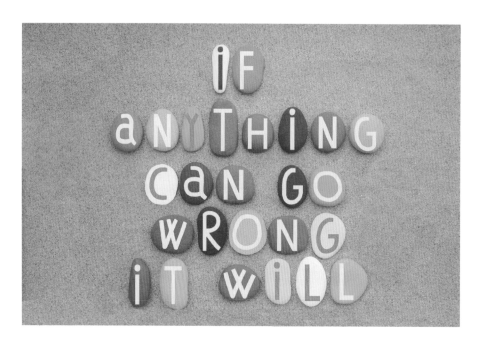

怕什麼就來什麼

你是否曾有過這些經歷——

- 課堂上在底下暗自祈禱「老師別叫我」，只要有這個念頭，老師必然叫你起來回答問題；

- 開會時，希望不要被老闆點名發表意見，卻總是被指名；

- 寫報告敲了幾千字，心裡想著寫完這段就儲存，結果電腦不是當機了，就是遇上停電；

- 平時出門包裡都會放一把傘，某天看著天氣不錯，應該不會下雨，所以就沒帶傘，結果那天臨時去給客戶送資料，很不巧地就遇上下大雨……。

    這就是神奇的莫菲定律！怕什麼就來什麼，越擔心的事越會發生？

日常生活中，人們將很多事情都歸結為莫菲定律的作用，比如只塗了一面果醬的吐司麵包，如果不慎掉在地毯上，那麼塗滿果醬的那一面一定會朝下掉落，直接毀掉你的地毯，又或者你在路邊要攔計程車趕赴下一個行程，但所有的計程車不是已經載客就是不搭理你，而平時不需要叫車時，卻只要隨手一揮就有計程車停在你面前。以往這類生活現象都被視為是莫菲定律的驗證，然而管理學界則注意到其中隱藏的積極意義，意即如果事情可能發生問題或危機，千萬不要賭上運氣，寧可事前對未來可能發生的風險或損害做好準備，一旦問題真正發生了，就能快速採取應變計畫，而不至於手忙腳亂。

🎯 莫菲定律成立的前提

莫菲定律告訴我們，只要事情有變壞的可能，那它總是會朝著你想到的不好的方向發展。不管這種可能性有多小，它總會發生，並造成最大可能的破壞。

莫菲定律的原句是這樣的：If there are two or more ways to do something, and one of those ways can result in a catastrophe, then someone will do it.（如果有兩種選擇，其中一種將導致災難，則必定有人會做出這種選擇。）之後，人們又更進一步探討莫菲定律，從中闡釋出四個主要內容：

✅ 任何事情都沒有表面上看起來的那麼簡單。

✅ 所有事（任務）的完成周期都會比你預計的時間長。

✅ 任何事情如果有出錯的可能，那麼就會有極大的機率出錯。

✅ 如果你擔心某種情況發生，那麼它就很有可能發生。

那麼，既然事情永遠都不可能朝最好的方向發展，而且一旦有可能變糟，它就一定會變得很糟糕，那麼是不是在莫菲定律面前，我們就只能聽天由命了

呢？

其實不然，我們理解了莫菲定律，就能正確的認識它，並且利用它。比如，如果你承認自己的無知，「莫菲定律」會幫助你做得更嚴密些。恰恰是在提醒我們，在做一件事之前，首先要在枝微末節上重視各種出錯的可能性，並做好周全的準備和預防，這樣才能盡可能地將隱患扼殺在萌芽之時。

我們從統計學和邏輯學的角度來看，莫菲定律若要發揮作用則要滿足以下兩個條件：

✅ 大於零的機率，哪怕是小機率事件；
✅ 時間足夠長，也就是樣本數夠大。

假如少了這兩個前提的任何一個，莫菲定律就不可能實現。例如，一個人如果不是一輩子都關在家中不出門，那麼他就有大於零的機率會出現車禍。就好像沒有人可以果斷地說在未來這張餐桌上就不會再有一處一模一樣的裂痕，只能說機率將無限接近於0。

愛因斯坦曾說：「上帝不擲骰子。」世上沒有所謂的巧合，而是低機率事件不斷重複去做，必然會發生的結果。就像是闖紅燈被車撞的機率可能是10%，但如果你不斷重複去闖紅燈10次、100次，那麼意外就肯定會發生。所以小偷闖空門早晚會被警察抓，開車免不了會

出交通事故……只有排除一切會造成不幸的可能性，才能讓意外不發生。

在數學統計中，有一重要的統計規律：假設某意外事件在一次實驗（活動）中發生的機率為P（p>0），則在n次實驗（活動）中至少有一次發生的機率為$P_n = 1 - [(1-p)$ 的 n 次方]。由此可見，無論機率P多麼小（即小機率事件），當n越來越大時，當實驗次數n趨向於無窮時，P_n會越來越趨近於1（也就是該結果發生的次數大於等於1次）。假設你離開家卻忘記帶鑰匙的機率是P=1／1000，你記得帶鑰匙的機率就是999／1,000，然後十年來你每天都出門，n等

於 365 乘以 10 ＝ 3650，Pn ＝ 1-〔（1-0.001）的 3650 次方〕，算出來這個數值是：0.974056293 其實已趨近於 1，這個千分之一是一個非常小的機率，但長期慢慢累積起來，就有 97% 的機率，就是說在往後十年你至少會有一天忘記帶鑰匙。這告訴我們，一件事情無論發生的機率有多小，只要重複去做這件事，那麼其發生的機率就會無限接近 1。也就是說即使一個事情失敗的機率再小，只要重複的次數足夠多，和時間拉得足夠長，錯誤必然會發生。

所以，我們可以將它拆解為：1. 事情有變化的可能性。2. 變壞的可能機率，以及這個機率總會發生。而我們能做的就是——盡可能降低機率 P，盡可能減少事件 n，使 Pn 值始終小於 1。只要從這兩大方向著手，就能規避莫菲定律的發生。

1 事情有變化的可能性

提高憂患意識，對於可能發生的大損失事件，哪怕其出現的可能性很小，也要提高警惕減少其發生的可能。當我們意識到事情有一點點變化時，很可能是很微小的一個念頭，小到一閃而逝。當腦中突然閃現一個問題點或靈感時，可以隨手記錄在手機裡，或是手邊的筆記本，以便能回頭查閱。這些突如其來的想法，很可能就是火種：不管是好的事情還是壞的事情。

2 可能變化的機率，以及這個機率總會發生

如何讓可能變化的機率縮小到趨近於 0，這就是本定律重要著力點所在。對此，我們應該不斷提升技術、能力水平，提高安全水準，減少隱患，是避免事故發生的最根本途徑。透過不斷降低失常或錯誤的發生機率 P，使 P 不斷趨近於零，我們就能無限延長壞事到來的時間。此外，還要減少不必要的冒險，減少中間環節，就能大大降低壞事發生的可能性。例如，如果你是經常出門都會忘記帶鑰匙的人，就不妨在家門前鞋櫃藏一支備用鑰匙？如果你擔心專案進度被拖延或是延誤，為何不先把整個時程往前排一點，好留下一些餘裕時間？知道老師要抽考，那就事先把所有題型都複習一遍。

為什麼會覺得莫菲定律準？

為什麼你越擔心一件事情會發生，它就越會發生？因為你的「擔心」給了它太多的注意力。所以，越想找到的東西，就越找不到；越是怕出錯就越會出錯；越是重視就越會沒做好；越是想表現好卻越是失敗。

莫菲定律廣義上來說是心理學定律。也就是極端的事情容易被人記住，常見的事情只會被忽略。人們往往把注意力只放在不願意接受的結果上，而將出現機率往往更大的滿意結果視為理所當然而忽略掉。

以擲硬幣為例，一般情況下，硬幣擲出後落下的結果不是正面，就是反面，只有極低的機率會立起來。假設出現正面的機率49.5%，反面的機率49.5%；立起來機率1%，那麼擲一百次硬幣，有可能會有一次硬幣會立起來。有人早上出門不小心車子被刮了一下，直呼真倒楣。但是事實是怎麼樣的呢？就像擲硬  幣的正反面，一年出門幾百次都沒事，就這次被摩托車蹭了一次，完全沒想到之前都平安無事，你也沒在意，卻對一時的不順記牢牢，這是為什麼呢？研究發現指出，人對痛苦的感知遠大於對快樂的感知，快樂的感覺會轉瞬即逝，但是過去的痛苦卻記憶猶新。所以會更在意一時的不順，而覺得不幸總降臨在自己身上，當我們「不希望事情發生」的執念越深，在事情實際發生時，感受就會越強烈。

但其實好事和壞事發生的機率都是符合「大數法則」的！感覺壞事總是會發生也是因為人們忽略了平時發生的那些稀鬆平常的好事，莫菲定律並不會導致事情產生不良的結果，但是內心的負面情緒會影響我們做事的心態，繼而導致事情朝變壞的方向進展。

在心理學上有一定根據，即負面心理暗示會對人的心態及行為造成不良影響。因此在生活中，無論何時何地，請調整好情緒，永遠給予自己正面的心理

暗示，當你充滿了正能量之後，好的事物也會接踵而至。

　　從心理學角度講，這是因為一件壞事比一件好事對人們的情緒影響會更加強烈與持久。但其實有的時候事情發生的機率是一樣的，卻是因為心理作用，人們往往會更注意到壞的那一面。不是先有某條定律出現了，然後才會有對應的事情發生，而能驗證它的「準」；是正因為有某些現象本來就一直存在，經過歸類分析後才總結得出了某條定律。莫菲定律反映出一個人關心的事情就有預兆和端倪，這是人的客觀感覺，不是主觀臆想。而且發生了才叫莫菲定律，沒發生就不算！

莫菲定律VS莎莉定律

　　莎莉定律（Sally's law）與莫菲定律恰好相反。莎莉定律認為事情看起來很可能變壞，但是往往會出現意想不到的好結果，好事情接連發生，就算遇到不好的事情也會轉禍為福。是在考量過變壞的情況之後，結果卻往往意外變好。白話一點來說，可以用「錦鯉體質」來描述莎莉定律：儘管知道中獎機率比較小，但抱著「賭一把」的心態嘗試，卻又剛好抽中大獎，這種「天選」一般的幸運感就是莎莉定律想要表現的。

　　莫菲定理說：如果事情有變壞的可能，不管這種可能性有多小，它總會發生。會有這樣的論斷，是因為人們都過於關注壞事的發生，而忽略了壞事未發生的其他情況（而這種其他情況往往才是占了絕大多數的情況）。說穿了就是受到人們心理認知的影響。我們之所以覺得莫菲定律很準，就是因為當不好的事情發生時，我們才會特別注意到它，認為果然又是「莫菲定律」在作怪。如果事情是如自己預期般順利發展，我們是絕對不會去聯想到莫菲定律。例如，新聞只會報導飛機失事，而不會報導飛機平穩降落，而觀眾就可能對此產生「飛機總會失事」的想法，但實際上，飛機失事是極小機率發生的事件，都是人的過渡關注和感知放大實際機率而導致因果誤判的情況。

本質上，這兩個定律是關於做一件事情的做好、做壞機率問題；從思想心理、主觀能動性上看，是悲觀主義、樂觀主義與宿命主義的區別，但都有警示的作用。

莫菲定律揭示做事情都可能出現最糟糕的情況，但我們不能因此而悲觀、放任自流，而應當未雨綢繆、防微杜漸、去除隱患。

莎莉定律起因於莫菲定律，揭示了在看似不可左右的變壞結果面前，勇敢做下去也可能有「幸運」降臨（即使機率很小也會發生），因而比莫菲定律積極，雖然莫菲定律揭示的事故之發生可能性存在，莎莉定律祈求上天，捕捉極小幸運就顯得不切實際。積極作為與消極作為或不作為，對你的人生產生的結果可能完全不同。因此，過於悲觀或樂觀都不好，我們要做一個具有憂患意識的樂觀主義者才是正確的智者。

莫菲定律你可以這樣用！

① 落實每項工作環節，勿存僥倖敷衍心理

無論身居何種職位，如果想做好工作，減少失誤，就要杜絕僥倖敷衍心理，不因為對工作流程十分熟悉就敷衍了事，也不因為某些問題的發生機率很小而怠慢輕忽，最重要的是，執行工作任務時，在事前盡可能設想周全，同時制訂定應變方案，以免問題真的發生時手忙腳亂；往往工作計畫制訂得越周密，越能有效掌控工作流程，並且減少不必要的干擾。有時不管事前擬定了多少應變方案，我們仍有可能遭遇到始料未及的問題，此時應保持冷靜，根據實際情況適時調整應變對策。此外，檢視每回的工作成果，不斷尋求更好的工作方式，不僅能強化自己發現問題、解決問題的能力，也能培養策劃工作事務的能力。

2 做好危機管理，防患於未然

　　一旦想到或發現可能存在的隱患，立即用文字記錄下來，便於進一步跟進處理。好記性不如爛筆頭。記錄後要去分析，這個風險是不是真的存在？風險有多大？風險是不是在我們掌握範圍內？要在問題可能發生之前，採取有效的預防、控管措施，能有效防範問題出現，尤其對於能造成會重大事故的事情要建立預警機制，「凡事豫則立、不豫則廢」，只有全面了解和掌握，客觀、科學地衡量事故的風險大小，才能分清輕重緩急，有針對性地採取相應對策，對可能發生的不安全事件進行事前預防，控制不安全事件，才能落實消滅不安全事件於萌芽之中。若是而一旦出現問題了，也要立刻著手改正問題，避免問題擴大與惡化。唯有客觀審視自己提出的策略，擬定危機管理計畫，做好風險規避，才能提高計畫的成功機率。

3 積極面對，正向思考

　　破解莫菲定律的最佳方式就是要正向思考，不要老是記得負面的事情。面對工作上的成功與失敗，大多數的人容易對失敗耿耿於懷，如果我們的反應總是「真倒楣，工作又出包了」、「我真沒用，這點小事也做不好」，久而久之，就會陷入自我否定、怨天尤人的負面情緒裡，連帶地也會讓工作表現與個人身心受到嚴重影響。請以一個良好的心態去面對一切，因為即使你很生氣，也改變不了什麼，不如冷靜下來，去想想如何使這個結果變得更好一些。

吸引力法則
⸎ LAW OF ATTRACTION ⸎

你是你所想：關注什麼吸引什麼！

★ ★ ★ ★ ★

「吸引力法則」是在新思維運動中出現的一種概念，藉此認為人際關係可透過保有正面或負面想法，從而得到正面或負面的結果。

吸引力法則亦泛指吸引具有類似思想的人，同時又被對方吸引的雙向過程，是一個相互吸引的過程，而不單單是一個思想對另一個思想的影響。因此，兩個心態相似的人會彼此吸引。就結果而言，思想對於事物有著很大的吸引力，但是我們也可以將其視為事物隨著人的變化而產生變化。這種信念是基於人們的一個想法或一個念頭，他們的想法都由「純粹的能量」組成，這信念就好像一種力量吸引另一種力量。

當你內心有足夠的渴望，整個宇宙彷彿就能聽見你的願望，你所渴望的財富、健康、夢想等統統都會得到；但真的會如此順利嗎？又該如何證明讓你相信？我們沒辦法肯定的回覆，但你若相信好運會發生，「吸引力法則」從來都不只屬於少數人或具權力者，而是公平地發生在每一個人身上，不論你是誰，只要足夠地相信自己，就能得到你所想要的。

換句話說，吸引力法則的基本建構於：只要朝著自己的目標前進，以正面的態度告訴自己一定會成功，就會在努力的過程中更加把握成功的機會，最後達成目標。

我們的思考、態度和希望是一種能量，能改變現狀和未來；反之，如果只想著自己損失了、失去了什麼，就可能陷入一種受害者的心理，進而剝奪了正向思考的可能，而將離成功越來越遠。

曾經，Y先生因為工作不愉快，想換份更好更符合自身期望的工作。一直以來，他都比較希望在小公司任職，因為升遷和加薪的機會都比較多，在那裡工作靠的是努力，而不是層層關卡及死板的薪水結構。某天晚上，他們夫妻正準備至經常光顧的餐廳吃飯，因為是臨時的決定，所以沒有訂位，到現場時餐廳已經客滿了，於是他們改去附近另一間餐廳，恰巧還剩下一桌空位。兩人入座後，發現隔壁桌正好是一位很久不見的朋友Z，及Z太太和另一對夫妻X正在用餐。

X先生是現在正快速成長中的公司總經理，他們正談到現在想找到有野心、看重發展機會勝於工作保障的人不容易，於是雙方聊了起來，這時Y先生也立刻表示，他正在找一份有更多升遷機會的工作。X先生給了Y先生一張名片，要他下週打電話過來安排面試。Y先生也順利通過面試，得到這份工作。

一年後，他的薪水是原來的兩倍，和太太搬進了比較好的房子、買了新車，生活優渥多了。很多人會以為這不過是運氣好罷了，可這其實是典型的共時性的例子。Y先生因為很清楚自己想要的，有信心又樂觀，便引發了一連串的力量，因為錯過了訂位而陰錯陽差剛好在那個時間、剛好坐在那個位置，而隔壁桌的人又剛好有適合的工作機會提供給他。

吸引力法則是什麼？

吸引力法則源自《秘密》一書，其內容主張整個宇宙和自己的心靈有種連結，當心念的力量夠強，就能影響所謂的「宇宙頻率」吸引你想要的任何事物。吸引力法則之所以風行，是因為信念確實和個人成功息息相關。

抑或者是說吸引力法則和你為自己所設定的人生

目標有著強烈的關聯性。當你是個事事都樂觀、自信，並積極的人，你所感知的世界就會是這個樣貌；如果你凡事都以最壞的打算去做思考，認為自己運氣很差，那麼你的生活的確會因此有影響。

歌德曾說過：在某些特殊狀況下，我們的靈魂觸角可以伸到身體範圍之外，使我們有一種預感，可以預見最近的未來；單單是默然的相遇，一個靈魂就可以對另外一個靈魂發生影響。也許我們每個人的相遇都是巧合，但也不是巧合而是緣份，是共時性使我們相識，就如此刻正在閱讀的你，我們也正相互影響著。

吸引力法則：心想事成？

吸引力法則是你想要的一切都會被你所吸引而來。我們常聽他人說，怕什麼來什麼，想什麼不來什麼，也就是說越是不想見到的事情，恰恰就這樣發生了。

那麼莫非定律以及吸引力法則有什麼區別嗎？「莫非定律」說所有你希望不要發生的事情它都會發生；「吸引力法則」則剛好相反。

「吸引力法則」，指思想集中在某一領域的時候，跟這個領域相關的人、事、物就會被吸引而來。吸引力法則和莫非定律是相通的，莫非定律講的是越擔心會發生的事情越有可能變成現實；吸引力法則講的是指思想集中在某一領域的時候，跟這個領域相關的人、事、物就會被吸引而來。也就是說，心中所想之事越發強烈，似乎就越容易實現。兩者的差別在於——吸引力法則是建築在無可動搖的信心上，越希望的事情越會發生，因為在還沒得到以前，就具備無比的信心相信自己會得到；莫非定律是建築在得到結果的信心上，越渴求的東西越得不到，因為在還沒得到以前，你根本沒有信心。

吸引力法則是指，你會吸引來你所關注的

事情，而不論你抗拒或者想要。你都要有信心、相信，你才會讓你想要的事情發生，擔心、害怕只會讓你累積、吸引到負面事物，思想集中在做一件事情的時候，與這個領域相關的人、事、物就會被它吸引而來，不論是好事還是壞事，只要是心裡想的就會來到自己的身邊。也就是說，心中所想之事越發強烈，似乎就越容易實現。

莫非定律：運氣總是特別差？

如果有超過一種方式可以去達成某件事，而其中一種方式將導致災難，且必定有人會這樣選擇。莫非定律彷彿主宰了我們的生活，隨之發生，大家總會認為是自己的運氣差，並認為人生就是如此，但細想一下，這是否也是吸引力法則所影響呢？

「吐司著地時，永遠是抹果醬的那面」，如同吸引力法則所說，你所設想的一切皆會發生，所以當你的想法都處於最壞的打算時，這樣事件的發生是偶然嗎？還是自身所帶來的影響呢？

「今天起床的時候發現昨天洗的衣服忘了晾，匆忙地套了件皺巴巴的衣服出門，著急攔了路邊的計程車才發現忘記帶錢包，只好連連向司機道歉並用手機叫車，眼看上班就快要遲到了但塞車的狀況絲毫沒有減緩，低頭看了看手中不停震動的手機，媽媽詢問我週六一大早匆匆忙忙地去哪裡，原來今天週六不用上班，白忙一場，今天運氣真差」，當一個人早上醒來覺得有點煩躁不安，他發出的是一種負面頻率。當他發出負面頻率，吸引力法則予以回應，給予這個人更多相同的東西；最後他肯定會對自己這樣說：「早知道就待在床上不出門！」反之，若你今天抱持著積極樂觀的心情出門，可能所遭遇的就會完全不同，因為你給這世界什麼，它就會回饋你什麼。

莫非定律闡述了一種偶然事件的發生機率是隨期待值或者負面值增加而增加，側面突顯了偶然事件的必然性，實際上人們的思想意識會隨客觀發展而主觀改變，恰好主觀意識也決定著思想的動向，思想的動向也決定了執行行為的

方向，執行結果也影響著事件的客觀發展，越是悲觀的人可能負能量增加，連帶影響著行動力，導致莫非定律更加突顯。

所以，與其說莫非定律很靈，不如說是人們太堅信莫非定律了；與其相信莫非定律，不如記住一個更廣泛的法則——吸引力法則，它告訴我們，如果你一直是正向積極地思考而且是你想實現的夢想，那麼好事也一定會發生。刻意地與潛意識做鬥爭，把潛意識積極地變成顯意識的時候，思想就會改變，思想決定了行為，行為就決定了結果。讓思維焦點都放在積極的事情和情緒上，而不是像莫非定律一樣，看到的都是負面的事。吸引力法則顯然激發了人們的無限希望，並符合心想事成的美好願望。針對你的夢想，你是否曾經想過，你要做些什麼行動來貼近你的夢想嗎？你有實際去規劃嗎？請檢視自己的步伐，是否走在你想要去的道路上？實現夢想真正的行動在於，你的內在狀態和外在狀態是否一致，同頻同調。說白了就是你真心想去做的行動，而這個行動是能帶給你興奮、快樂、幸福或是感動的情緒，並且不會危害到他人的行動，就是實現夢想的最好方式，也是成功的捷徑喔！吸引力法則提倡的是主權在自己的世界觀，的確對很多人具有正面價值。然而現實是：有些東西自己可以控制，有些部分則不能。

如果我們太過認同莫非定律，認為自己什麼也控制不了，不但脫離現實，更會導致意志消沉，我們要推行積極的莫非定律。如果我們意識到可能會出現的問題，那麼我們就要更仔細、認真看待這些問題，想要好的發展，根據吸引力法則，就要往好的方面想，希望一件事怎樣，就大膽設想，同時讓行動去靠近設想。然後坦然應對錯誤或突發狀況，因為莫非定律告訴我們這都是機率內會發生的事情，並不是無緣無故，所以要認真處理好它。

從心理層面來看莫非定律所表述的事情，根本就是錯覺總結，而不是規律總結，那是因為人們相對較關注失敗的結果，而不是正常的結果，所以會自動放大錯誤機率迎合莫非定律。莫非定律其實就是透過控制你的關注點，進而控制你的思想。如果你的關注點都在不好的事情上，那麼你的思想會不自覺地尋找並吸引壞事，當壞事吸引來之後，如果那時你沒有做好準備或者能力不夠，出現失誤的機率當然就很大，那麼壞事按照預想發生的機率就大了很多。

　　因此，綜合以上吸引力法則與莫非定律，唯有「盡人事，聽天命」方為理性合宜的態度。在了解了莫非定律之後，我們不妨從一個全新的角度來看待事情：如果你的內心總是想著壞的事情，它就會發生；如果你的內心總是往好的方面想，那好事是不是也就隨之而來了呢？坦然接受事實，放鬆心態調整自己，可能你就能扭轉乾坤，就能做到讓好事成真，壞事轉壞為好呢！正所謂否極泰來是也！

吸引力法則的三大原則

1 相同個性和能量的東西會相互吸引

　　正向思考會吸引到正向的機會或事物。運用正向思考的力量，一旦正向思考的愈多，力量就越強大，人可以較輕易地得到合適的機會，而能全心投入達到目標的行為和策略。

2 清除自己不想要的東西

　　每個人的心或大腦都被欲望、期待或各種想法佔滿，因此應該去避免負面的思考，把空間留給自己想要達成的事物上，相信自己的正向直覺；負面態度會使事情往錯的方向發展，猶豫太多則會讓人自我懷疑，因此只要相信自己的直覺，讓自己的情緒和想法按照自己想要的方向前進，自己也會離所想要的更接近。

3 現狀就是最好的

　　現在發生的事，都因過去做的事和決定而有所影響。即使不去追求更好的未來，即便滿足於現狀，但仍要不斷的增加自信和自我價值，增加自信能使自身更有正向思考的機會，且願意嘗試各種不同的方式來達到目標，而非單一的做法，這能增加成功的機會。

　　除此之外，更重要的是要有行動力。吸引力法則跟空想不同，需要強大的執行能力和心理，包括設立目標、全心投入所有可能達成目標的事物，並在當

中自我成長。如果只有空想、許願卻沒有實際行動，這就不是吸引力法則所提倡的中心思想。

目標要如何達成或被實現

① 目標的設定

切合實際的目標是最重要也最常被遺忘的部分，你心裡所預期的事情必須真的可以去實現。

「目標是否有機會能達成或可能發生」，如果沒辦法達成，或是超出自己的能力範圍，就很容易變成空想的無稽之談。

例如有個人想要自己可以在短期之內就能變成大富豪，但現實中他卻負債累累、沒有穩定工作或其他因素使得達成這個目標困難重重，這樣的目標不僅無法獲得成功，還會懷疑自我的信念和價值，反而對身心有害。

② 自身的行動力

當你有了目標與方向後，仍需要去付諸行動完成，要有決心，雖然努力的過程中可能會遭遇挫折或隨時間推移心境會有轉變，但自我價值和心態不要動搖，才能讓自己全心投入。在設立行動合目標計畫時，要先設想到可能會遇到什麼樣的難題、要如何維持正向思考，遇到挫折時，該如何化解。

以下有兩點，可以協助你更有信心及目標去達成，首先是在大目標之下設立多個小目標，讓自己可以階段性的完成，並且可以從中不斷獲得成就感；再來是可以嘗試多多字我鼓勵，可以對自己進行勉勵，習慣去鼓勵自己而非責備也是十分重要的部分。其次，給予自己大量鼓勵，有些時候甚至可以跳脫原有的角色，以第三視角去評判事情的優與缺，並適時給予自己鼓勵，讓自己更有目標與動力的前進。

③ 從不喜歡中找出喜歡

有些時候，你可能會對於目標感到迷茫，或是不清楚自己要的是什麼，但

細想在生活中，我們都善於去說出自己「不」想要什麼、自己「不」喜歡什麼。若是我對你說：不要想起嫦娥奔月、月球上搗藥的兔子，以及飽滿圓滾滾的月亮，但我知道你腦袋裡剛剛浮現了中秋節的畫面，這說明了你的「意識」和「潛意識」都會自動過濾以下幾個字：「不要」、「不是」、「別」，這些字一旦出現，其實你反而會在內心轉化顯現出這些被勸阻的東西。就好比當我說「不要去想像暴風雪」，我可以保證，你剛剛已經在腦海中想像暴風雪的模樣。即使指示是叫你不要去做某一件事情，即便你的意識和潛意識會把「不」字刪掉，但畫面仍會不自覺得浮出。因此也可以此方式，列出下意識中那些你不想要的，反之其餘的結果會是你所想的。

簡單三步驟，創造你所想要的事物

⭐ Step 1 要求

我們每個人都會有自己想要的東西，在這些想要的東西前的第一步就是要求，發出對事物的要求，猶如在向宇宙下達訂單，表達出你所想要的，根據吸引力法則裡所說，如果還不清楚自己想要什麼，吸引力法則將無法為你帶來任何東西的，因為你將會發出混雜的頻率，吸引的也只會是混雜的結果。好比說我們遇到一些不好的事情，突然又一不小心跌倒了，你整天心裡都會想著，我今天是怎麼了，什麼糟糕的事情都發生在我身上，接著又會出現其他不好的事情，也就是這樣一個想法，你已經給自己的宇宙發出不好的想法了，那麼吸引力法則也會收到你這些不好的頻率。

因此，想要創造出好的事物，在創造的過程中，第一步只是確定你想要什麼，當內心已經確定了想要什麼的時候，你就已經在要求了。

⭐ Step 2 相信

當你「相信」它，你所要求的東西會如期而至時，那麼你就可以對自己所要求的事物感到信心，並對其放心，保持著愉快的心情繼續生活。持續保持著你即將擁有它的這種不朽的信心，正是你最大的力量，可能你會不知道怎麼做，

但它會呈現給你看，你吸引了這個創造過程，因為你堅定著、肯定地相信著。

★ Step 3 接收

整個過程的最後一步，就是「接收」，可以試著想想，若是你想要的事物已經到來，將會是什麼樣的感覺、什麼樣的心情，就用同樣的感受去感覺它、去迎接它。過程中，去感受喜悅、快樂是很重要的，因為當你感覺良好時，你就是把自己放在你所要的事物的頻率上。

在這個充滿情感的宇宙，如果你只在理智上相信某事，但背後卻沒有與之對應的感覺存在，那麼你就不會有足夠的力量在生命中實現你想要的事物，你必須用心、真誠地去感受一切。

馬可福音說：「凡你們禱告祈求的，無論是什麼，只要信是得著的，就必得著」，又或是想想馬丁路德所說：「當你有信心地踏出第一步，你不需看到整個樓梯，只要踏出第一步就好」。

以一個簡單的例子來說明這一整個流程的話，你可以想像今天你的需求是購置一處房產，而你將於此度過之後的人生，此時的你會有對這間房子的各種想像及理想，此刻的你就正進行著「要求」，並抱持著良好的心情，及一定要找到心中所理想房子的心情，而不會草率地抉擇，而是會快樂、自信地思索並提出「要求」，接下來就是「相信」，「相信」一切會如你預期般，照著你的要求去裝潢、去佈置，去呈現成你所想要的樣子，「相信」一切都會順利，最後當你「接收」也就是獲得了你所要求的房子時，你肯定會是快樂的、滿足的，在整個漫長的等待中，想必你都會有各式各樣的情緒，一直以這樣的狀態去感受它，實際「接收」時，你也會滿心喜悅，而這樣的喜悅會一直存在你的生命中，快樂不會消失，在此刻、在未來，你的這份喜悅都將影響著你，懷抱著喜悅前往下一站，相信不僅僅是你，宇宙也都能感受到。

塞爾維亞網球名將喬科維奇被許多人認證是當今網球第一人，他將成就歸功於自身強大的「吸引力法則」信念。

球王曾說過許多激勵人心的金句：「相信冠軍是那些更相信勝利的人」、「我

認為好運不僅會降臨在勇敢的人身上，也屬於那些相信自己的人」，而也是這些信念造就了現今的球王。

　　從今天開始，大家不妨和球王一樣相信「吸引力法則」，取其中的好處並好好實踐自己的願望吧！

青蛙法則
⇀ BOILIN FROG ⇀

無視危機，才是真正的危機！

美國康奈爾大學曾進行過一次著名的「青蛙試驗」他們將一隻青蛙放在煮沸的大鍋中，青蛙立即如觸電般跳出鍋外，並安全落地。後來，人們又再次進行實驗，這次將其放在一個裝滿涼水的大鍋裡，任其自由游動，再用小火慢慢加熱，青蛙雖然可以感覺到外界溫度的變化，卻因惰性而沒有立即往外跳，等後來感到熱度難忍時已經來不及了。這也就是有名的「煮蛙效應」、「溫水煮青蛙」。

這個實驗給我們三點啟示：

第一點、大環境的改變能決定你的成功與失敗。然而，大環境的改變有時是看不到的，因此我們必須時刻注意、學習、保持警惕，並做好隨時迎接改變的準備，這樣一切永遠不會太遲。

第二點、過於舒適的環境往往是最危險的。已習慣的生活方式，也許就是你最危險的生活方式，要不斷創新、打破舊有的模式，並且相信任何事都有可以再改善、再更好的地方。

第三點、要能覺察到趨勢的小改變，適時地「停下來」，從不同的角度來思考，並學習，是發現、改變的最佳途徑。

對一個人而言，最可怕的是緩慢漸進的危險降臨，而不是突然的危機降臨，因為突然的危機降臨可以使人發揮出自身全部的潛能，並迅速地做出各種反應去應對、擺脫危機；而緩慢漸進的危機降臨往往使人無法覺查，甚至瀕臨死亡

也毫無反應。正如中國那句老話「生於憂患，死於安樂」，人天生就是有惰性的，舒適的環境容易使人失去鬥志。如果一個人失去了外界的刺激，處在安逸中而不自覺，也就是我們常說的舒適圈，當你無法跳脫舒適圈，就會失去危機感，那麼一旦危機到來，就只能像溫水裡的青蛙一樣，死於殘酷的競爭之中。

奧城良治的青蛙法則

除了上述較廣為人知的「溫水煮青蛙」故事外，還有一則與其相關的小故事，故事的主角為榮獲十六年日產汽車銷售冠軍的奧城良治。據說在奧城良治小時候，偶然在田埂間看到一隻瞪眼的青蛙，奧城良治調皮地向青蛙的眼瞼撒尿，卻發現青蛙的眼瞼非但沒有閉起來，還一直瞪著雙眼；藉由這個啟發，他意識到遇到困境時要做到逆來順受，不過度驚慌，才能冷靜解決問題。這也成為了他獨有的「青蛙法則」；而當他將此應用在自己的工作上，他每日訪問一百位潛在客戶，永不懼怕客戶拒絕，即便遭到客戶的拒絕，他也會將自己想像是當年那隻青蛙一樣，仍保持著固有的專業與冷靜去接受客戶的拒絕，這樣的心態令他長年穩坐銷售冠軍的位置。

企業中的青蛙法則

《伊索寓言》裡有這樣一個故事：一隻山豬正在大樹旁勤奮的磨著獠牙，狐狸看見了，驚奇地問：「現在又沒有獵人追殺你，你為什麼要磨牙，為什麼不躺下來好好休息就好？」山豬聽聞後答道：「真要等到獵人追殺時，我再磨牙恐怕就來不及了」。

「未雨綢繆」是人們常掛在嘴邊的一句話，但真正能做到的卻不多。人類不到迫不得已就不會去改變現在正使用著的各種可以應付的做法，特別是當這種做法還能夠讓人得到很大的滿足時，但如果一名管理者、整個部門、公司整體都失去了必要的刺激，一直處在安逸的工作氛圍中而不自覺，那麼，久而久

之，便會失去工作活力，等危機真正到來時，就來不及了。青蛙法則告訴我們的，也正是如此。

事實上，對於企業而言，外部競爭的大環境改變幾乎都是漸進式的，如果管理者長期疏於觀察、對環境的變化沒有敏銳度及清醒的洞察力，那麼企業就很難保證不變成溫水裡的青蛙。

那麼，管理者如何才能時刻保持清醒的洞察力及良好的應對能力呢？以下有三點：

首先，要時刻保持「居安思危」的心態。在變幻莫測的市場環境中，沒有哪一家企業是絕對安全的，即使處於發展的鼎盛時期，管理者也要保持冷靜、居安思危，為以後可能出現的危機做好準備，隨時做好最壞的打算。能夠做到「未雨綢繆」，每一件都能提前做好打算，隨時處於戒備狀態，才能在危機到來時不至於手足無措、慌亂而無從下手。

第二，隨時留心市場環境的變化。每種行業都不是獨立存在的，它的發展必然會受各方面因素的影響，大至國家宏觀政策、行業資訊、競爭者策略，小至企業內部的變動，都可能影響到企業未來的發展。而此時，作為良好的企業管理者，理應時刻關注著市場環境的變化，把握行業趨勢和競爭對手的情況，及企業內部的發展狀況，一旦發現某種不良徵兆，就應立即採取相應的措施。

第三，發現變化後第一時間做出反應。如果外部環境出現不良徵兆，管理者一定要在第一時間內做出反應，避免企業遭受損失。不要認為細微的市場變化不足為懼，不會對企業的發展造成多大的影響，事實上「千里之堤，潰於蟻穴」，很多事情都是由一個小小的螺絲就能影響的，且世事難料，千萬不可存有僥倖的心態，更不能如溫水裡的青蛙般，坐以待斃。

★ 案例 1：微軟

比爾蓋茲曾說：「微軟離破產永遠只有18個月。」在這個瞬息萬變的時代，市場競爭非常激烈，一旦管理者的危機意識淡薄，就可能面臨殺機。因此，必須時刻保持危機意識，才能讓企業在競爭中迎來勝利，而管理者要向員工傳遞危機意識，不斷提高企業成員的危機感，才得以適應激烈的市場競爭。

★ 案例2：海爾集團

中國海爾集團董事長張瑞敏說：「一個偉大的企業，對待成就永遠都要戰戰兢兢，如履薄冰。」早在一九九八年，中國海爾集團的年營利接近兩百億元，此時，張瑞敏就開始思考：「如何讓企業的每位員工都像管理者一樣，充分感受

到市場的壓力，員工的危機意識加強了，才能更好地適應市場的挑戰」。那一年，張瑞敏經常對員工引用兩個成語「戰戰兢兢」和「如履薄冰」。

一九九八年中旬，張瑞敏打破原來的管理框架，開始推行「內部模擬市場」，讓企業內的上層工序與下層工序之間進行商業結算，下層工序變成上層工序的市場。用通俗易懂的話來說：「內部模擬市場」就是要把海爾的每一位員工，都變成企業內部的「小老闆」，他想達到的企業管理理想是到二〇〇八年把所有員工都變成合格的「小老闆」讓他們親身感受市場的壓力。到二〇〇二年年底時，他竟然已經先後調整組織結構達四十餘次。

二〇〇三年，海爾集團全球營業額突破了八百億元。然而，在優異的業績面前，無論是張瑞敏，還是海爾的普通員工，談論最多的不是榮譽和業績，而是壓力和挑戰。

在企業界，張瑞敏的「戰戰兢兢，如履薄冰」廣為流傳。當海爾面對市場和競爭時，沒有陶醉在「卓越」裡，而是時刻保持危機意識，也正是這種危機意識造就了今天的海爾。

★ 案例3：百事可樂

百事可樂公司作為世界軟飲料行業的大哥大級人物，可謂春風得意，每年有幾百億的營業額，幾十億的純利潤。但是，展望公司的未來發展前景，公司的管理者們看到汽水業的趨勢會愈發不景氣，競爭也會更加激烈。為避免被市場打敗的命運，他們認為應該讓自己的員工們相信公司在時刻面臨著危機。但

百事公司一路凱歌高奏，想讓員工相信危機隨時會來談何容易？

　　因此，公司總裁韋瑟魯普決定要自己來製造一種危機感。他找到了公司的銷售部經理，重新設定了一項工作方法，將以前的工作任務大大提高，要求員工的銷售額要比上年成長百分之十五，他向員工們強調，這是經過客觀的市場調查後做出的調整，因為市場調查表明，不能達到這個成長率，公司的經營就會陷入困境。這種人為製造出來的危機感馬上化為百事公司員工的奮鬥動力，使公司永遠都處於一種緊張有序的競爭狀態中，也正是這些，保證了百事公司能永遠欣欣向榮地走向未來。

⭐ 案例4：中國小天鵝集團

　　在中國，很多企業也漸漸認識到了危機管理的重要性，開始在實踐中推行這種管理方式，江蘇無錫小天鵝集團就是一個很成功的危機管理的例子。

　　被同行業稱為「大哥大」的小天鵝全自動洗衣機，其在中國市場占有率已達百分之四十二點二，銷量在全中國連續多年保持第一，並且成為中國洗衣機行業中，首家跨進億元利潤的企業。然而，這個行業的「排頭兵」卻在大好形勢下，依舊保持危機感，同時採取令人警惕的「末日管理法」來鞭策自身不斷進取，向世界高水準挑戰。

　　集團董事長朱德坤對員工有一個很有意思的要求：「要唱好兩首歌，一首是《中華人民共和國國歌》，一首是《國際歌》。」他強調，小天鵝的處境就像中國國歌所唱的那樣「到了最危險的時候」，因此不願工廠破產的人們，都請跟我一起拯救小天鵝；唱《國際歌》就是要大家明白「世上沒有救世主」、「全靠自己救自己」的道理。朱德坤認為，一個沒有憂患意識與危機感的企業，是沒有希望的企業，所以要求員工們天天唱這兩首歌，唱出信心，唱出志氣，唱出發展小天鵝的新行動！

末日將至的末日管理法則

青蛙法則的中心思想為「時刻保持著危機感」，不安於現況，讓自己一直處於戒備狀態，就如同末日將至一般。在企業中，如果一位經營者不能向他的員工們表明危機確實存在，那麼他很快就會失去信譽，而公司就會失去效率和效益。

美國技術公司總裁威廉‧韋斯看到，全世界已變成一個競爭的戰場，全球電訊業正在發生深刻變革，美國技術公司應該在變革中發揮重要作用。因此，他先從公司上層推行「末日管理」計畫，任命兩位大膽推行改革的高級管理人員為副董事長，並除去了四名傾向於循序漸進改革的高級職務者。並在工廠中廣泛宣傳由於某些小單位忽視產品品質，成本上升，導致失去用戶的危機。他要讓全體員工知道，如果技術公司不把產品品質、生產成本以及用戶時刻放在第一重視的位置，公司的末日就會來臨。正是通過這樣的末日管理，才使得美國技術公司永遠走在同行們的前面。而末日所具有的危機感，便是青蛙法則中，不可或缺的重要元素。

有必要在青蛙法則中進化嗎？

如何成功突破舒適區？是個人在工作中、生活中時刻必須面對及檢討的問題，那麼所謂的舒適圈是什麼呢，為什麼要走出去？

簡單的說一下關於「舒適圈」的解釋：「舒適圈是指所有人都生活在一個無形的圈子裡，在圈內有自己熟悉的環境，與認識的人相處，做自己會做的事，所以我們會感到很輕鬆、很自在。」既然這個圈子讓我們輕鬆、自在，那麼我們為什麼還要離開呢？離開舒適圈的最終目的，是為了構建出更大的、更好的舒適圈。

居安思危，可以使我們進化，而這樣的「進化」小至學

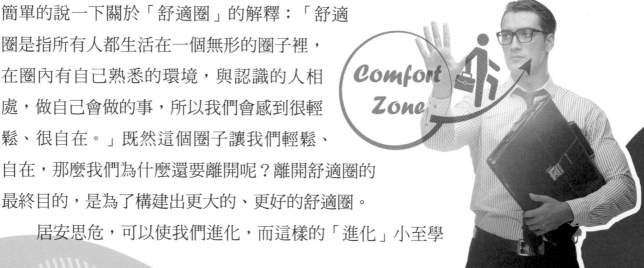

習如何與自己獨處、大至到一個新環境學習一個不曾學過的新技能，共通點在於你是否有能力去面對那些無法預期的危機，然而跳脫舒適圈真得如此重要嗎？在舒適圈中，你會習慣了安逸、習慣了簡單反覆的生活、習慣了日復一日的得過且過，但這樣待在舒適圈地你真的會過得很舒適嗎？若你無法時刻具備危機意識、時刻想著突破自我，那麼在某一天你的舒適圈將越來越小，漸漸的會小到令你無法喘息，而你卻也逃脫不了。

煮青蛙的實驗中，提到了青蛙是因為惰性而不願跳出，進而導致死亡，然而我們的生活意識如此，惰性會牽制住我們向前、向上、向進不的道路走去，又或者是說，習慣了過且過的生活，即便你不喜歡，你也會因為安逸感而待著，因為沒有了危機意識，也沒有了面對危機的能力，猶如經典的電影《肖申克救贖》裡有這樣一句台詞：「監獄裡的高牆實在是很有趣，剛入獄的時候，你痛恨周圍的高牆；慢慢地，你習慣了生活在其中；最終你會發現自己不得不依靠它而生存。」監獄就是在你身邊的隱形牢籠，或許一開始你充滿了牴觸心理，有著勇敢走出去的決心，可是慢慢的你會放棄抵抗，覺得抵抗太累了，還是得過且過選擇安逸吧。

就如馬東在《奇葩說》提到的：「你可能委屈，也可能不服，但你被淘汰了。」所以，為了不將就、為了不被淘汰，勇敢的跳出鍋中；帶上居安思危的心去前進吧。

青蛙真的不會逃跑嗎？

也曾有學家表示「溫水煮青蛙」這件事並不可能發生，依青蛙的天性去做為判斷標準，青蛙不可能在涼水中輕鬆游泳，更不可能對於逐漸上升的溫度坐以待斃；甚至更有學者一直倡導人們停止複述這個故事，稱它為一個「愚蠢的謠言」和「迷思」。

但同時，也有學者針對「煮青蛙之前的寧靜」進行描述，並表示這個故事是好故事，不過前提是引用者得指出這個故事純屬虛構。

而這個故事的真相到底為何，確實有待商討與驗證，但不論青蛙到底會不

會逃跑，都無法改變此故事最初所要傳達的本意「時刻保持危機意識」，你我都是那隻青蛙，而我們該如何功脫逃才是我們必修的課題；「適時地跳脫舒適圈，隨時保持在最好的狀態去應對身邊可能發生的危機，仔細的去觀察世界，隨時準備好最好的自己，去面對世界給你的挑戰」。世間的萬物皆是環環相扣的，猶如「蔓延常態」所說，也許僅僅是一件小小的事情，周遭相關的事物也會有所影響，如同工廠中的小小螺絲，可能

鬆掉的那顆小螺絲對你而言，你並未放在心上，但可能在你還未發現的地方已經有小小的變化正在產生，同理，也有小小的危機正在潛伏。

總而言之，現在很多人都在處於「溫水煮青蛙」的狀態下，他們不願意改變、不願意調整自己的，更不願意改變自己的思維模式。未來的社會競爭會更加激烈，更加殘酷，主動去迎接挑戰，去尋求機遇，才是我們要做的。

囚徒困境
⟡ PRISONER'S DILEMMA ⟡

想贏的競爭心態竟會讓你全盤皆輸？

　　「囚徒困境」在1950年是由美國智庫公司Merrill Flood 和Melvin Dresher提出，後來由Albert Tucker 以囚徒方式解釋，進而為大眾所瞭解。囚徒困境是一個博弈理論中的經典情境，它描述了兩名合作犯罪嫌疑人在被捕後所面臨的策略性困境。這個情境涉及到兩個關鍵選擇：合作和背叛。

　　故事內容是：警察同時抓到兩名嫌犯甲與乙並將他們分開偵訊，警察為了破案，遂提出倘若甲或乙中，誰率先認罪並指控對方，便可以直接獲釋，而沉默的一方將被判處十年徒刑；倘若甲與乙同時指控對方犯罪，則兩人都會被判處五年有期徒刑；另一方面，因為本案罪證不足，如果甲與乙同時保持沉默，最後兩人都會被判處六個月的有期徒刑。對於嫌犯而言，不論是個人或整體的刑期，只要雙方保持「沉默」而不相互出賣，就能夠獲得六個月的最低刑期。然而個別犯人基於自私心態，在立即「被釋放」誘因下，通常都是會出賣對方。如下圖所示：

乙＼甲	合作（沉默）	背叛
合作（沉默）	刑期各半年	甲釋放 乙十年
背叛	甲十年 乙釋放	刑期各五年

在囚徒困境中，嫌疑人都必須在合作和背叛之間做出選擇：

✅ 合作：**如果兩位嫌疑人都選擇合作，則他們都會獲得較輕的刑罰，因為警方缺乏足夠的證據定罪。這被認為是最佳結果。**

✅ 背叛：**如果其中一位嫌疑人選擇合作，而另一位嫌疑人選擇背叛（向警方供認），則合作的一方將面臨重刑，而背叛的一方則有機會免於刑罰，因為他們提供了證據。**

囚徒困境的關鍵在於，無論對方選擇什麼策略，對個人而言都會傾向於選擇背叛，因為他們希望自己可以免受刑罰。然而，當兩名嫌疑人都選擇背叛時，結果卻是對雙方都不利，因為他們都會面臨較重的刑罰。這一概念在生活和工作中有許多應用，它強調了合作和互惠的重要性，提醒我們在某些情況下，單純追求個人利益可能會導致雙方都輸的情況。因此，在建立健康的關係、團隊合作和協商解決衝突方面，理解囚徒困境的原則是至關重要的。

「囚徒困境」的意涵即為個別賽局參與者，在做出策略考量時，僅思考自身利益而罔顧整體利益，最後不僅不利己，反而淪落到做出害人害己的地步。

總而言之，囚徒困境是一個具有啟發性的概念，強調了合作、信任和互惠在人際關係和策略性決策中的重要性。通過理解這一概念，我們可以更好地應對各種情況，取得更好的結果。

囚徒困境是博弈論中的一種經典情境，描述了兩名被捕的犯人面臨合作或背叛的抉擇。在這種情況下，囚徒困境可以應用於多個現實生活和工作情境中，以下是一些運用方法：

🎯 商業決策

在商業合作和競爭中，公司需要仔細考慮是否與競爭對手合作，或者選擇採取競爭策略。囚徒困境提醒我們，合作可能會帶來更大的共同利益，但如果競爭對手背叛，可能會導致損失。因此，在商業決策中需要平衡合作和競爭的考慮。商場上生意人之間爾虞我詐，反而容易落入囚犯困境，你可能會覺得他們怎麼這麼蠢，但其實這樣的「蠢」現象到處都是，尤其商場上的爾虞我詐，

更是經常碰到呢！我們就來舉個商場上的例子：

有兩家菸酒品牌「Ａ」和「Ｂ」，彼此是競爭關係，他們近期面臨了一個決策問題：該不該登廣告？如果兩家都不登廣告，則它們的利潤分別為800萬元；倘若其中一家做了電視廣告，而另一家沒有這樣做，登廣告的品牌將因為知名度大增，扣除廣告成本還能賺到 1000 萬元，沒登廣告的公司損失不少消費者，只能賺得 200 萬元；然而，若兩家都登廣告，則兩者的營收非但沒有增加，反而提高了廣告成本，因此雙方的利潤都降到了 400 萬元。我們將兩間公司的報酬整理如下表：

B＼A	刊登廣告	不刊登廣告
刊登廣告	（400：400）	（1000：200）
不刊登廣告	（200：1000）	（800：800）

因為都擔心被搶走大餅，雙雙減少利潤。若是站在Ａ公司的角度來思考：Ａ公司刊登廣告的話，Ｂ勢必也要刊登才不會損失太多消費者；若Ａ刊登廣告的話，Ａ可以獲取更多曝光並賺取更多錢，因此最終Ａ公司會選擇刊登廣告。同理，Ｂ公司也會有一樣的想法，因此Ｂ公司也選擇刊登了廣告，結果兩家公司因為都刊登了廣告，利潤縮水了至400萬，完全陷入了囚犯困境的狀況！

🎯 團隊合作

在團隊合作中，每個成員都需要決定是否積極參與，貢獻自己的最大努力。囚徒困境的概念提醒團隊成員，如果每個人都合作，整個團隊可以受益，但如果有人不合作，則可能會損害整個團隊的利益。因此，鼓勵團隊成員合作並維護信任關係至關重要。

一名經理手下有數名員工，經理比較苛刻；如果所有員工都聽從經理吩咐，則獎金等待遇一樣，不過所有人都要超負荷工作；如果某人不聽從吩咐，其他

人聽從吩咐，則此人失去工作，其他人繼續工作；如果所有人都不聽從經理吩咐，則經理失去工作；但是，由於員工之間信息是不透明的，而且，都擔心別人聽話自己不聽話而下崗，所以，大家只能繼續繁重的工作。

簡而言之，將不願按照吩咐者視為員工A，其餘為員工B；則結果如下：

	經理	員工A	員工B
員工全體配合	o	o	o
部分員工不配合	o	x	o
員工全體罷工	x	o	o

（o為安全，可保持其原有工作；x為須下崗，失去其原有工作）

囚徒困境的概念提醒我們在面對合作和競爭的抉擇時需要謹慎思考。在許多情況下，合作可以帶來更大的共同利益，但需要建立信任並確保參與者遵守承諾。該理論有助於我們更好地理解和應對各種個人、團隊和社會情境。

在生活和工作中，囚徒困境的原則有許多應用。它提醒我們，在某些情況下，單純追求個人利益可能會導致雙方都輸的情況。因此，理解囚徒困境的原則對於建立健康的關係、團隊合作和協商解決衝突非常重要。

例如，假設在工作中，兩名同事面臨共同的挑戰，他們必須合作才能解決問題。如果其中一方選擇背叛，只追求自己的利益，而另一方也這麼做，最終可能會導致雙方都失敗。然而，如果兩者都能理解囚徒困境的原則，並決定合作以實現共同利益，那麼他們將更有可能成功。

總之，囚徒困境是一個具有啟發性的概念，強調了合作、信任和互惠在人際關係和策略性決策中的重要性。通過理解這一概念，我們可以更好地應對各種情況，取得更好的結果。這在個人生活和職場中都有廣泛的應用價值。

如何破解囚徒困境，選擇最優解

首先，建立信任和合作意願是破解囚徒困境的關鍵。雖然在這個情境中，個體可能會因擔心對方的背叛而選擇背叛，但如果能夠建立信任和願意合作的文化，雙方可能會更願意選擇合作，這需要時間和一系列積極的互動來建立。

其次，建立長期關係可能有助於破解囚徒困境。如果兩名嫌疑人預計他們將來會多次面對類似的情境，他們可能會更傾向於選擇合作，因為長期合作可能會帶來更大的好處，因此，建立長期關係可以降低背叛的誘惑。

另外，使用協定和獎勵機制也可以幫助破解囚徒困境。通過明確的協定和獎勵系統，個體會因為被激勵而選擇合作，因為這樣做將獲得更大的獎勵。這些獎勵可以是物質性的，也可以是非物質性的，如聲譽或信任。

教育和溝通也是破解囚徒困境的方法。通過教育個體瞭解合作的好處以及囚徒困境的博弈性質，可以增加他們選擇合作的可能性，積極的溝通有助於減少誤解和提高合作的效率。

囚徒困境雖然具有挑戰性，但通過建立信任、長期關係、協議和獎勵機制，以及通過教育和積極溝通，則有助於破解這個困境。這些策略可以促使個體更願意選擇合作，從而實現更有益的結果。

納許均衡

孫子兵法中有句「知彼知己者，百戰不殆」正是這個概念。不過，你可能很納悶：我怎麼會知道其他人的選擇呢？即使我問了，對方也不見得會告訴我；如果用猜的，萬一錯了怎麼辦？的確，學會賽局並不表示你擁有一顆水晶球，知道未來可能發生的一切。

但也不是完全不可預測，至少我們可以利用模型推估找出可能的選項組合、做出最合適的選擇。要做到這一點，就必須先了解「納許均衡」這個在賽局理論中非常重要的觀點。當某個賽局中的組合是「納許均衡」（Nash Equilibrium）時，表示任何一個決策者單獨改變自己的策略，並不會使自己的報酬提高。在

囚徒困境中,「認罪」對雙方分別而言是「最適合的選擇」,我們稱這時候的策略為「優勢策略」（dominant strategy）。而「甲認罪,乙認罪」就變成這個賽局的「納許均衡」。

納許均衡也叫非合作均衡。意思是:在賽局中達到某種平衡狀態,且所有參與者都能接受結果,就是納許均衡。例如,在討價還價後,賣家與消費者都達成對皮沙發價格的共識。更重要的是,在這場賽局的所有參與者都相信,只要某一方單獨改變策略,都會使結果變得不好。

透過納許均衡,我們可以找出得以使賽局維持平衡的選項組合,也就是賽局中的所有參與者,雙方都做出最利己的舉動,使賽局達成一種均衡狀態。

🎯 合理的豬

在賽局理論中有一個有趣的賽局結構,叫做「合理的豬」也有人稱為智豬賽局。在這個賽局中假設是這樣的:

1. 有一條很長很長的豬圈,一頭是飼料槽,而踏板在另外一頭。

2. 只要踩一下踏板,另一頭的飼料槽就會掉下10份飼料。

3. 在這個豬圈中有大豬和小豬,由於踩踏板的豬必須從豬圈的一端跑向另一端才能吃到食物,不論誰去踩踏板,代價都會消耗相當於2份飼料的熱量。

問題來了,到底該誰去踩下踏板呢?大豬和小豬會如何選擇呢?在這個賽局結構中,給出了四種情況的假設:

1. 大豬、小豬都不去踩,結果誰也沒得吃,所以報酬都是0份。

2. 小豬去踩踏板、大豬在飼料槽旁等待,結果10份飼料都被大豬吃完了,小豬完全沒吃到;所以,大豬獲得10份報酬,小豬獲得了-2份的報酬。

3. 大豬去踩踏板、小豬在飼料槽旁等待,當大豬回來後還能搶到6份飼料,

小豬吃了4份飼料；所以，大豬扣除體力消耗獲得4份報酬，小豬也是。

4. 大豬、小豬都去踩踏板，跑回來後大豬吃了7份、小豬吃到3份；所以，扣除體力消耗後，大豬與小豬的報酬分別是5份、1份。

也許你會覺得納悶，為什麼會有這樣的假設？這是為了要證明納許均衡的存在，在真實世界中我們可能不知道假設是什麼，也可能需要定義出這些假設，而且也並那麼容易。

不過，先讓我們看下去這個賽局的發展吧。當我們將這四種情況整理為賽局的結構，可以得出以下這樣的結果。當我們分別以大豬、小豬的角度來思考，就能找出納許均衡是在「大豬去踩、小豬不踩」的組合，這也是牠們的最佳策略。

小豬 ＼ 大豬	踩	不踩
踩	5份：1份	10份：-2份
不踩	4份：4份	皆0份

換句話說，小豬等著吃就好，在納許均衡下，策略是小豬不踩、大豬去踩。如果大豬改變了策略，決定不踩，那麼大豬能吃到的飼料，將從4份降至0份，所以大豬不會這麼做；相反，如果是小豬改變策略，那麼能吃到的飼料，就會從4份降為1份，所以小豬也不會這麼做。

當雙方都清楚可能產生的結果時，自然會選擇更合理的策略。在納許均衡下，若是單方面改變策略就會遭受損失；所以彼此都會維持納許均衡下的選擇，各吃到4份是最好的策略。在最佳策略下小豬明顯佔了優勢，可以什麼都不做，只等著吃就好，因為大豬一定會去踩；所以這個賽局又被稱為「搭便車」賽局。

囚徒困境VS合理的豬

首先，從博弈類型的角度來看，囚徒困境和合理的豬的區別在於選擇者所涉及到的資訊不對稱性不同。在合理的豬中，兩頭豬所擁有的資訊是完全對稱的，他們都知道自己所面臨的博弈規則和對方的策略；而在囚徒困境中，囚徒之間的資訊不對稱性則更為明顯，每位囚徒只能知道自己對於合作和背叛的選擇，而對方的選擇卻是未知的，這種資訊不對稱性使得博弈更加複雜。

其次，從社會學的角度來看，囚徒困境和合理的豬的區別在於所代表的社會關係不同。合理的豬所代表的是兩個並不熟悉的個體之間的博弈，兩者並沒有建立起相互信任的關係；而在囚徒困境中，囚徒之間是有一定的社會關係，他們之間的行為會受到對方的影響，這種社會關係的存在會對博弈的結果帶來一定的影響。

再來，從經濟學的角度來看，囚徒困境和合理的豬的區別在於他們對於合作和競爭關係的理解不同，合理的豬在合作和競爭中，更傾向於一種合作的狀態，即兩頭野豬可以共用食物，達到雙方都獲益的狀態；囚徒困境則更傾向於競爭，每一位囚徒都會選擇自己的利益，因為他們認為只有這樣才能確保自己的生存和利益。

最後，從心理學的角度來看，囚徒困境和合理的豬的區別在於他們所涉及到的決策風險不同。合理的豬風險更多的是由於不確定性造成的，即對方會不會選擇吃光另一份食物而導致自己的食物減少；囚徒困境則更多的是由於自己和對方的行為選擇而產生的風險，在背叛和合作之間的抉擇需要考慮到對方的行為選擇，以及自己的潛在收益和損失。

綜上所述，囚徒困境和合理的豬雖然都是博弈論中經典的例子，但是他們之間也存在本質的區別。合理的豬更注重雙方合作的效益，資訊對稱性更為明顯，而囚徒困境則更注重博弈中的競爭性，資訊不對稱性較顯著；這些不同的特點會對於博弈結果以及策略選擇產生影響。

囚徒困境，作為經典的博弈論案例，對所有面臨抉擇的商業談判、溝通策略、人生選擇，都有著值得深思借鑒的價值，無論是作為對自己的警醒，還是作為對他方的預防。但在囚徒困境中抉擇得再好，也是囚徒的抉擇；打破囚徒困境的唯一出路，就是不要成為囚徒，畢竟，最重要的不是技巧，而是人心。

對局中人的啟示是，重要的不是在困境中抉擇，而是要嘗試引導對方，使之為本方利益或集體最大利益服務，才能打破困境。

安慰劑效應
→ PLACEBO EFFECT ←

明明沒效為什麼吃了仍覺得有效？

　　安慰劑效應於1955年由美國著名醫學家、麻醉師畢闕博士（Henry K. Beecher）提出，其在美國醫學會雜誌上發表了《強大的安慰劑》（The Powerful Placebo）一文，該文指出在術後止痛、咳嗽、頭疼、焦慮、感冒等各種症狀中，安慰劑效應對21%～58%的症狀都有效。

　　在一次醫學實驗中，科學家使用嗎啡為一名病患控制疼痛，但是在實驗的最後一天，他們偷偷用生理鹽水取代嗎啡溶液，結果發現，生理鹽水產生了和嗎啡一樣的功效，成功抑制了該名病患的疼痛。在這個實驗中，生理鹽水充當了一種「安慰劑」，它並沒有實際療效，卻產生了和嗎啡一樣的功效。

　　在一些心理學家對患者進行心理干預的試驗中，多次發現，具有權威的醫生將沒有實質作用的藥物（即安慰劑）應用於治療並同時告訴患者假定的藥效時，竟神奇地發現，這種安慰劑藥物竟然發揮了與本身藥物治療相似的效果。這種情況在治療自主神經控制系統功能相關疾病時尤其明顯。所以我們可以這樣給安慰劑效應下一個定義：即通過權威授予相關依賴的假藥產生於人的生理的一種安慰作用。也就是說它的本質就是一種由信賴為特徵的干預而產生的條件反射，本質上就是一種心理期待，只是這種期待通過心理過程而產生了生理反應。

　　安慰劑效應又名偽藥效應、假藥效應、代設劑效應或受試者期望效應。是指病人雖然得到無效的治療，但症狀卻得到了好轉或緩解，原因就在於病患相信自己得到了治療或預料治療有效。簡單來說，「安慰劑效應」就是人們受到外界的一定心理暗示後，產生某種預期，並將這種預期投射到對應的事物上，並獲得與預期相近的體驗。是由於心理信念或期望的影響，而不是由於治療本

身的生理作用。

科學研究顯示，安慰劑雖然不是真藥，但也可以對大腦和身體產生真實、可測量的生物學效應。例如，安慰劑能夠引起大腦分泌內啡肽，這種化學物質具有鎮痛效果。帕金森氏病患者吃了安慰劑後，也會誘發大腦分泌神經遞質多

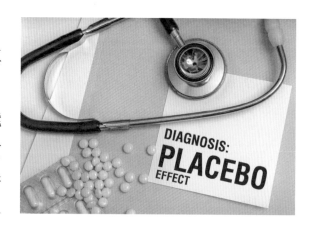

巴胺，與服用真藥有類似作用。即使是嚴重到威脅生命的疾病，例如癌症，積極的想法雖然不能替代規範的醫學治療消滅癌症，但可以讓患者更好地適應症狀，配合化療等治療。因為好心情能讓原本只能起兩三分作用的藥物達到六、七分甚至八、九分的良好作用。相反地，藥物生理作用再好，而患者缺乏信心，情緒低落，療效也會變差。

有些人身體非常虛弱，醫生注射一針之後，臉色紅潤，立即精神好轉，一副完全沒病的樣子。其實，醫生只不過打了一針葡萄糖而已，這就是「自我安慰」的效果。也就是說，只要病人相信藥的效力，便能發揮它的效果。這是因為人類的心理能影響生理。例如，你在馬路上差一點被車撞了，你會心跳加速，甚至嚇出一身冷汗。「望梅止渴」是典型的安慰劑效應，你還沒有吃到可能很酸的梅子，但你的唾液腺卻已經有反應了。英國科普作家喬・瑪律尚在其新書《大腦治癒力》中介紹說，病患對治療的預期、治療的儀式過程、醫患互動交流等產生的心理作用也不容可忽視，有時效果並不亞於藥物。

哪些人需要安慰劑呢？那些堅信自己有病而渴望治療、對醫護人員充分信任的「患者」無疑是安慰劑的最佳服用對象。在他們身上，這些沒有任何用處的安慰劑卻能起到奇效，患者們的「病症」得以迅速好轉，出現了本人希望的效果，甚至很快痊癒。所以說用藥靈不靈，信心是影響藥物療效的重要因素。

可見藥物的心理效應可以增強藥物的生理效應。消極的心理效應可以削弱藥物的生理效應。有的病人服用同樣成分的藥物，會出現價格高的療效低於價格低的；進口的低於國產的；老醫生的處方優於年輕醫生的處方。這是因為安慰劑效應與心理暗示有很大的關係，而這種積極的心理暗示有助於患者更好的

康復。如果你在去心理諮詢之前，就聽說這位諮詢師的諮詢效果很好，成功案例很多，通常在你還沒進行諮商，就已相信他會把你治好。

「安慰劑效應」在醫療領域的研究，已經充分證明了潛意識的巨大力量，甚至可以在不依賴藥物的情況下讓身體自行產生藥理反應。在適當的情況下，保持積極的心態和信念，不斷地用充滿希望與期待的話語來與潛意識交談，相信自己的身體和心理有很大的自癒能力，這種積極思維可以增強身體的自我修復過程，有助於提高治療效果和康復速度。

潛意識的自我心理暗示

從效應作用的對象來看，安慰劑效應主要作用於我們每個人的潛意識，通過自我暗示或他人暗示來改變潛意識裡的信念，進而改變自我的行為。潛意識裡的信念通過暗示的方式進入意識領域，進而在行為水準上發生改變。在臨床上，安慰劑的暗示作用就是有意無意地讓病人建立起「我將被它治癒」的信念或願望，而真正起到治療作用的就是這種強烈的信念、願望，如以下的進程：

產生安慰劑→建立「我會被治癒」的信念與願望→治療作用

1910年，法國心理學家柯爾（Emile Coue）就運用了一套簡短而有效的「柯爾療法」，讓那些萎靡不振的患者，每天坐在安樂椅上，全身肌肉放鬆，然後小聲地唸出一句話：「我的生活會越來越好。」柯爾指出，當人們說出這句話的時候，人類的潛意識就會將它們給記錄下來。同時，它們在潛意識中也會變成一個被動的受體，從而一直保留著這個「一切都會變得越來越好的」美好願望，結果身體就真的慢慢地逐漸康復。

從安慰劑效應發生特點來看，安慰劑效應在前期需要意志的努力，有計畫、有目的地給予內在自我暗示。後期一旦自我內化了這個暗示，安慰劑效應則開始自動對個體產生自動化影響。

心理學家佛洛德分析「安慰劑效應」其實就是一種潛意識的自我暗示，其在《精神分析學》中，對「潛意識」下了一個精確的定義：在人們的意識下所存在著一種神秘力量，而這種力量與意識之間存在著相互控制的作用，潛意識

會不自覺地將這股力量釋放出來，影響我們的身心。在心理學中，在心理學中，「暗示」指的是人或環境以自然的方式向個體發出資訊，個體無意中接收了這種資訊，從而做出相應反應的一種心理現象。換句話說，它是用含蓄、間接的辦法對人的心理狀態產生迅速影響，讓我們在不知不覺中受到影響。

在日常生活中，心理暗示所擁有的力量，有時大到超乎我們的想像。義大利著名歌劇男高音卡盧梭在一次表演中突然喉嚨痙攣，無法演唱。眼看還有幾分鐘就要上場了，卡盧梭緊張得渾身顫抖地對自己說：「怎麼辦？我無法唱了。」此時，他意識到：再不自我調整就無法收場了。於是，他迅速冷靜下來，開始運用心理暗示對自己進行自我調整。他跑到後台，大聲地對著所有人大喊：「我要唱歌了，我馬上就要開始表演了，我的表演會非常成功！」如此這般重複許多遍之後，他將自己完全沉浸在表演成功的自我催眠意識中，此時喉部的痙攣居然開始慢慢消失。最終，他鎮定地走上台，那場演出也獲得了極大的成功。

「安慰劑效應」的概念被提出之前早已被廣泛應用於人們生活之中。例如，人們在出門遠行前如果在寺廟抽到上上籤，就會覺得路上有神力加持、行程十分順暢；都市人到郊外旅遊，看到迷人的風景，接過同伴遞過來的水壺喝了一口水，感嘆道：山裡的水真甜，城裡

的自來水跟這真是沒法比。但其實水壺裡的水是從家裡帶來的。

事實上，心理暗示現象在我們的日常生活中非常普遍，暗示每天都在不同程度地影響著人們的生活。當然，暗示的作用可以是積極的，也可以是消極的。最典型的例子是，在工作中一旦我們覺得某件事情很難辦，存在著「不求有功，但求無過」的想法，就等於給了自己「我不行」的暗示，因此，最後往往無法做成這件事。因此，在生活和工作中，大家應該多給自己一些積極的暗示，避免消極的暗示。最簡單的辦法就是接到一項任務後，首先對自己說：「我能行，這個對我來說太簡單了。」

所以，在生活中我們要多給自己一點積極的暗示，避免消極的暗示，以樂觀的心態面對生活，心理的年輕才是真正的年輕，並且免疫力等各方面都會有更好的表現。

 ## 安慰劑效應產生的原因是什麼？

對於安慰劑如何產生作用，有以下兩個假設：病人期望效應及條件反射。

1 期望效應

當人們對某個目標事件產生積極預期的時候，期望效應就會引導人們有意識或無意識的去朝著這個目標的預期進行進展。當一個人認為某種治療或處理能夠幫助他們，他們的身體和心理可能會對這種信念做出積極的反應。這種信念可能會導致身體釋放內部的生理化學物質，例如內啡肽或多巴胺，這些物質可以減輕疼痛或不適，或者提高情緒和健康感。比如，病人在不明真相的時候，接受了生理鹽水的注射，就會在主觀上產生病情減輕的感覺，並客觀作用在身體和心理健康的恢復中。此外，主觀的偏見亦可能使病人潛意識相信病情因為得到關注及照料而改善。

2 條件反射

古典制約是一種關聯學習模式，使受訓者學習到特定情況下作出特定的反應。著名的例子是「巴甫洛夫的狗」的實驗：實驗者每次給予狗食物之前，都會發出鈴聲，經過多次反覆地實驗後，只要鈴聲一響，狗狗就會自動分泌唾液，原因是狗已經學習到將鈴聲及食物關聯起來。安慰劑之所以可以產生與實際藥物相似的反應，是因為病人對安慰劑產生了與有效藥物相似的生物反應，從而產生了實際的治療效果。

通常一個人在接受治療或干預時會感受到一定程度的期望，這種期望可能來自醫生、治療師、廣告或其他管道。這種期望會引發信念，認為治療或干預將帶來顯著的改善。然而，當實際的治療或干預並沒有根本性的生理效果時，

個體可能會產生一種「心理幻覺」，感覺好像他們正在受益於治療，而實際上這只是他們自己的信念和期望在起作用。

安慰劑效應是一種神奇而複雜的心理現象，它顯示了人們的信念和期望如何影響他們的感受和體驗。儘管這一效應常常被用於藥物研究和醫學實踐中，但它同樣適用於各個領域，包括心理治療、社會交往和生活等各方面。

相關的心理學效應

⭐ 反安慰劑效應

安慰劑效應不一定都是積極的，還有「反安慰劑效應」。反安慰劑效應與安慰劑效應作用機制相同，但是性質與安慰劑效應完全相反。是指病人不相信治療有效，可能會令病情惡化的心理現象。例如：一些具有短期情緒問題的個體，通過在網路上查閱與抑鬱相關的知識，然後片面判斷自己患有抑鬱症，不相信這是可以被解決的情緒問題，而是嚴重的精神病。最後使得短期的情緒問題衍生成嚴重的心理或精神障礙，最終難以治癒。反安慰劑效應可以使用檢測安慰劑效應相同的方法檢測出來。例如一組服用無效藥物的對照群組，會出現病情惡化的現象。這個現象相信是由於接受藥物的人士對於藥物的效力抱著負面的態度，因而抵銷了安慰劑效應，出現了反安慰劑效應。這個效應並不是因所服用的藥物引起，而是基於病人心理上對康復的期望。

⭐ 羅森塔爾效應

指人們基於對某種情境的知覺而形成的期望或預言，使期望或預言獲得實現的效應（可參考P88）。該效應認為讚美、信任和期待具有一種能量，它能改變人的行為。當一個人獲得另一個人的信任、讚美時，他便感覺獲得了社會支持，從而增強了自我價值，變得自信、自尊，獲得一種積極向上的動力，並盡力達到對方的期待，以避免對方失望，從而維持這種社會支持的連續性。羅森塔爾效應和安慰劑效應都是強調內在信念對身體、心理以及行為的影響。

安慰劑效應的運用

① 醫療照護領域

醫師可以利用安慰劑效應減少患者內心的焦慮感，建立勇敢面對重大疾病的信心。通過積極的自我暗示激發其對生命的渴望和期待，引導病患客觀地面對病情，積極配合醫生的治療。在心理諮詢方面，諮詢師要善於利用安慰劑效應，使得來訪者建立對諮詢師、諮詢過程、

諮詢結果的信心，讓來訪者相信自己的問題能夠獲得解決。而在精神障礙治療方面，有一種心理障礙叫做疑病障礙，這是反安慰劑效應的不良結果。精神醫師可以通過瞭解安慰劑效應發生的機制，因勢利導，引導來訪者改變不良心理暗示，利用安慰劑效應緩解並克服反安慰劑效應的不良影響。

② 行銷廣告

有許多產品的品質與內容物幾乎大同小異，消費者只好依據產品外在的判斷標準來選購產品，而產生了行銷上的「安慰劑效果」。也就是「相同的商品但價格不同，會造成食用者感受不同的現象。因此內容物相同的東西，標上不同價格時，人們會覺得貴的比較好吃。」一般認為，產品價格越高，產品的品質也就越高，所以我們常有一分錢一分貨的說法。有些商人抓住了消費者這樣的心理，將價格訂高，讓消費者有了不正常的期待，因此價格通常被視為是有效的安慰劑。品牌也具備同樣的效果。消費者看到了品牌知名度高的商品，會有品質較優的感覺。例如，一般通路商的自有品牌商品，往往是請其他知名度較低的廠商代工而來，品質應該類似，但消費者常常會認為知名度高的通路品牌，會有一定的品質，願意付出相對的代價。人們對廣告的期待作用是非常明顯的，尤其是當廣告發布者權威程度和可信賴度越高，這種安慰劑效應也就越

明顯。例如，同樣的兩個蘋果，其中一個經過包裝宣傳是綠色有機種植、種植條件如何如何好，口感怎麼棒，還有美食家推薦等等，另一個不經過任何包裝宣傳，就是一個普通條件的，讓一群消費者在不知情的情況下去試吃這兩個蘋果，結果選第一個好吃的人數會明顯高出選第二個的，但是實際上這兩顆蘋果來自同一家農場，這就是廣告的安慰劑效應。

3 企業管理領域

在企業或者部門裡樹立榜樣和標杆。也就是一個成功者的形象就是一個積極的安慰劑，如此一來就能充分提升員工的期待感，讓員工有「他可以，相信我也可以」這種積極的期待，其作用與安慰劑非常相似。積極的期待對提升員工的能力和行為水平很有效。員工的這種期望值與動機成正比，而動機就是行為產生的源泉。因此如何轉換員工的動機和保持其合理的期望值，是提升員工能力與績效的重要關鍵。

在生活中，安慰劑的形式要更多種多樣，它不僅僅是某種藥物，也可以是具有物質形態的糖果、美食，也可以是事件、興趣或者一種特殊情境下的某些行為。就比如失戀時的一場醉酒或宣洩，又比如考試退步後的一次吶喊或一頓下午茶，又比如情侶感情觸礁後的一次徹夜長談或旅行，在適合的時機選擇合適的安慰劑，會對生活產生不同的調節作用。

安慰劑效應在我們的日常生活中扮演著非常重要的作用，熟悉安慰劑效應發生機制有利於我們更好的應對生活中遇到的挫折和困難，選擇合適的安慰劑可以引導個體做出自我調節，幫助我們走出困境。安慰劑本身或許不會幫助我們解決問題本身，但是它可能影響我們對待困難的心態和心境，進而影響我們的行為活動，並在潛移默化中引導我們朝積極樂觀的方向走去。

Appendix
附 錄

王晴天
傳奇製造者‧知識服務BM推動者

　　三十年來，王晴天博士同時奠定了經營知識服務業與其為史學權威大師之地位，被稱為台版邏輯思維，也是亞洲八大名師首席，在兩岸創辦采舍國際集團等12家企業。為台灣知名出版家、成功學大師和補教界巨擘。

　　獨創的「創意統計創新學」與「ARIMA成功學」享譽國際，被尊為當代的拿破崙‧希爾（Napoleon Hill）。深入研究「LT智能教育法」，並榮獲英國City&Guilds國際認證。首創的「全方位思考學習法」已令數萬人擺脫傳統填鴨式教育，成為社會菁英。

　　王晴天大師曾多次受邀至北大、清大、交大及香港、新加坡、東京及國內各大城市演講，獲得極大迴響。現為北京文化藝術基金會首席顧問，是中國出版界第一位被授與「編審」頭銜的台灣學者，同時擔任世界歷史學會台灣分會會長，並榮選為國際級盛會──馬來西亞吉隆坡論壇「亞洲八大名師」之首，被喻為台灣最有學識的人，以其高IQ的智慧型輸出模式，更成為了門薩俱樂部台灣地區掌門人。

　　王晴天目前是大中華區培訓界超級名師，國際級課程B&U與WWDB642全球主講師。兩岸三地創辦12家成功且持續營運之企業體。

　　對企業管理、微型零風險創業、行銷學理論及實務，多有獨到之見解及成功的實務與文案經驗。台灣全部營運房舍及大陸主要營運房舍均為自有。除了圖書出版外，還引進發行ef、ff、sure等雜誌國際中文版，更在中國大陸合作發行瑞麗等時尚雜誌。於兩岸文化出版及知識服務產業均有極大影響力。

　　2021年起主講〈真永是真〉等真讀書會人生大課，為迷航人生提供真確的指引明燈，成為華語華文知識服務KOD&WOD之領航家！《真永是真》系列叢書共333鉅冊，比美清朝的《四庫

全書》與明朝的《永樂大典》，再創出版史之高峰！

　　一本在美國被禁70年的致富經典，百年前由查爾斯・哈尼爾所著的《史上最神奇的24堂課》，由王晴天博士耗費5年的時間，以「超譯的概念」與「拉比的精神」精心研究打造最新全譯本，將於2024下半年隆重推出，是最神秘的潛能開發指南，將激發你內在的無限潛能！並邀請當代思維大師開設24堂實體課，每月兩天預計兩年結業，堪稱培訓史上最強工程，落實內在和外在兼修，透過內在能量啟發與外在能力建構，是最有效、有系統的財富訓練課程，將讓你從此告別貧窮，走向富裕！

　　多年來，王晴天一直在從事著知識型及智慧型服務，營運項目主流為EPCBCTAIWSOD，分別說明如下：

　　E **E-Book 電子書**：早在上個世紀90年代，王董事長就在兩岸領導第一波的電子書製作與發行相關研發。疫後時代，E-Book進一步帶起閱讀新契機，目前已發行電子書數千個品種。

　　P **Paper 紙本書**：王晴天建構全球華文最大的出版體系與專業發行網，擁有最完善的行銷網及最高的書籍曝光度，打造個人IP&文創品牌，出書已逾萬種！

　　C **China 簡體版**：積極推廣簡體版權，與內地中國出版集團合作，獨資或合資設立文化公司，建構華文單一出版市場與兩岸知識服務體系。

　　B **Blockchain 區塊鏈**：為一種數位記錄系統，其去中心化的特徵使得資訊更加透明、安全，改變金融等多方領域的運作。王晴天博士與吳宥忠老師共同領軍，將強勢科技應用於鏈圈、幣圈、礦圈、盤圈，結合Web4.0與元宇宙，並鏈接兩岸區塊鏈資源，時刻走在趨勢尖端，全球首創發行圖書NFT與NFR。

C **Channel 影音說書**：致力推廣優質好書，讓聽眾用閱聽看就能飽讀群書。〈新絲路視頻〉影音說書頻道點閱破千萬人次！

T **Training 培訓**：開設保證有結果的專業培訓課程，已開線上與線下課程千餘種，全數納入【藏經閣】，是目前華文培訓界最大的實況實戰影音資料庫。

A **Audio book 有聲書**：Podcast 及 audio book 系列有聲書之經營，以《用聽的學行銷》及《成功3.0》最知名，暢銷海內外。《真永是真》系列則一直高踞博客來有聲書暢銷排行榜冠軍！

I **International 國際版權**：AI 跨語種翻譯技術越發成熟，能快速且正確地大量翻譯各國語言，將國際版權銷往全球市場，已超越全球最大的〔古騰堡跨語種書庫〕，成為華人華文之光！

W **Writer 暢銷書作家**：提供華人出版界最全方位的資源!!在兩岸開辦【出書出版班】與【暢銷書作者班】，傳授素人出書一定要知道的潛規則，打造屬於你自己的超級暢銷書！已培養作家千餘位，完成【以書導客】的 BM 商業模式。

S **Speaker 國際級講師**：史上最強！國際級講師育成計畫！透過完整的講師訓練系統培養，把您當成世界級講師來培訓，讓您完全脫胎換骨成為一名超級演說家！兩岸百強 PK 大賽則知名於全球華人世界，參加者均可達成【以課導流】的戰略性目標，將演說也變成一種效度極高的 BM 商業模式，落實知識變現！

O **Other People's Something 借力眾籌**：集眾人之智・籌眾人之力・圓眾人之夢，助您借大咖的力，借平台的力，匯聚人脈、商機與金脈！且平台開放，可將您的產品與服務銷往全世界！

D **Direct Selling 學習型直銷體系**：2022 年創辦智慧型立体學習體系，倡導【邊學邊賺】不屈不惑的人生境界，短短數月即有數十位加入者月入百萬！

本體系於 2024 營收已破億！2025 向營收 5 個億的目標挺進中，歡迎您盡早加入，峨嵋絕頂，盍興乎來！

吳宥忠
堅持學習，不斷突破自我

　　吳宥忠目前為區塊鏈及 AI 領域的培訓講師，以及多家公司的專業顧問。

　　小時候的他就展現獨特的性格，不喜愛受傳統教育束縛，對於學校教育以外的知識格外有興趣，所以學習成績並不理想，當初的學制是必須考高中及大學，而他這兩次都考得非常不理想，大學考了三次才勉強考取中原大學的夜間在職進修班，但讀了四年並未順利畢業，之後便辦理休學全心投入職場。投入職場後並不如他想像中的順利，斷斷續續也換了許多工作，之後也投入創業這條辛苦的道路，其中當然有成功的喜悅，更多的是失敗的痛苦，直到投入成人培訓後才真正找到自己的熱情所在。

　　熱愛學習的他一直對知識有著強烈的渴望，他相信教育是改變命運的關鍵，因此一直致力於提供高品質的教育。他的教學方法不僅將知識灌輸給學生，還鼓勵他們主動思考、提出問題，並實際應用所學。在區塊鏈及 AI 領域，他深受學生們的愛戴。他的教學風格充滿啟發性，總是以生動的方式解釋複雜的技術概念，使學生們能夠輕鬆理解。並擅於引導學生們進入這個充滿挑戰的領域，並幫助他們克服困難，取得卓越的成就。

　　吳宥忠老師深知馬太效應的重要性，他自己就是最好的證明。他不斷學習，不斷挑戰自己，從而持續深耕自己的專業能力。他相信只有持續自我提升，才能在競爭激烈的領域中取得優勢。這種強烈的求知欲望推動著他繼續追求卓越，並將這種精神傳播給他的學生和客戶。他的卓越成就不僅體現在他的教學工作中，還體現在他的出版成就上。他出版了多本暢銷書籍，這些書籍涵蓋了區塊鏈、人工智慧、業務行銷、成功學、人物傳記等多個領域。他的文字深入淺出，以通俗易懂的方式解釋了複雜的技術概念，使更多人能夠受益於他的知識。出書也是他增強自己的一種方式，他透過費曼式學習法，也就是要學什麼就站上講台上教什麼，在費曼式學習的基礎下再出一本書，逐步完成吳老師自己的學習體系。

　　吳宥忠的人生故事充分展現了個人奮鬥成長的激勵範例。他的熱愛學習、樂於挑戰、對知識的渴望以及不斷追求卓越的精神，都讓他成為一個受學生和客戶愛戴的專業人士。他的故事提醒我們，只要擁有不屈不撓的意志和不斷學習的精神，我們都可以不斷突破自己，實現卓越。

王宣雯
融會行銷專業與多元才華的典範

王宣雯老師以樂觀、積極的態度面對生活。追求多元的人生體驗，喜歡旅遊、學習、樂器、閱讀和參與社團活動。除了在國際知名大學攻讀碩士學位外，她還經營家族禮贈品批發公司，並在多個領域中取得了豐富的證照，包括人身業務員、活動企畫師、健康管理師、珠寶鑑定師、國際禮儀教師等等。

教育經歷

王宣雯老師於2009年獲得英國倫敦布魯奈爾大學行銷碩士學位，並於同年發表了以亞洲珠寶市場為主題的論文。同時擁有中國文化大學的中文、英文、企業管理學士學位。

工作經歷

自畢業後，王宣雯老師在不同領域展現出色的職業生涯。從2009年至2013年，在英國精品公司擔任銷售顧問，2014年轉投奢侈品領域，成為Christian Dior的銷售顧問，奠定了她在時尚行業的專業地位。之後，她還擔任過Y&L EROUPE公司的歐洲區經理。同時，她也受邀擔任主持、電視購物主播、企業講師和八點檔演員，拓展了她的多元職業領域。於2023年現任補習教育界執行長一職。

個人特長

在多元的才華中，王宣雯老師展現了豐富的藝術天賦。她擅長手工藝、插花、設計、佈置和飾品製作，同時對於鋼琴演奏、舞蹈和主持皆有涉獵。這些特長不僅豐富了她的生活，也成為她在各領域中脫穎而出的獨特標誌。

講師經歷

王宣雯老師是一位在教學和培訓領域擁有豐富經驗的專業人士。不僅在新北市真人圖書館受邀講師，也在各大社團、企業、公益活動講課等等，展現了樂於服務、卓越的教學風格和專業能力。此外，她還擔任過電視購物的主持人，許多節目的受邀來賓，展現出積極參與娛樂界的一面。她以獨特的風格和豐富的知識，贏得了觀眾的喜愛和信任。在這些節目中，她不僅表現出卓越的主持表演才華，還展現了她在各個領域的多面能力，這使她成為一位備受矚目的媒體人物，同時也為觀眾帶來了豐富多彩的視聽饗宴。

在教學方面，王宣雯老師以自信、優秀的主持和表達能力深受學員好評。她被譽為2019年華人好講師30強和2020年八大名師暨兩岸百強講師，這充分體現了她在教學領域的卓越成就。

王宣雯老師的多元背景和卓越才華，使她成為當代女性的典範。她不僅在教育領域表現出色，還參與了許多社團活動，擔任了多個重要職位，展現了她在多個領域的專業地位。

除了在教學領域的卓越成就外，王宣雯老師還是一名成功的作家。她的著作包括暢銷書《How to 找到好伴侶》以及《完美英語‧心靈饗宴》套書、中英文演講《英文三字經》等，在兩岸地區廣受讀者歡迎。

王宣雯老師以她的多元背景、卓越才華和專業成就，成為了一位極具影響力的現代女性。她的故事鼓舞著我們，呼喚每個人發掘自己的潛能，勇敢追求夢想，成為更好的自己！

王芊樺
助人改寫人生劇本的心靈導師

幸運的人用童年療癒一生，不幸的人用一生療癒童年，這就是我的寫照。

從我有印象以來我的父親就是個脾氣暴躁的人，但是他只針對我，時常會沒有理由地把我吊起來用皮帶鞭打，上了小學更是嚴重，低年級上半天的日子，只要我出去玩回到家就是被打，一度常常站在門口不敢回家。上了國中被打到吞藥自殺、割腕，最後還離家出走，沒去聯考，重考了高中。

父親也因為「羅森塔爾效應」（是一種社會心理效應～因為教師對高成就和低成就者分別期望著不同的行為，並以不同的方式對待他們，從而維持了他們原有的行為模式。）一直打我到高二，後來高中選擇住校才得以逃離家裡，高中課業對我來說都是死背，我必須花比別人20倍的時間唸書，時常拿著釣魚充電燈，躲在宿舍餐廳樓梯間裡背書，成績還是一塌糊塗，也許是潛意識跳蚤效應給自己設的框架，背不起來無助，常常哭到眼睛眼看不見。大學我選擇最遠的高雄唸書，我只知道勤能補拙，所以我每天下課唯一做的事情就是去圖書館唸書、寫報告，課業成績始終保持第一，也成為了模範生，比賽獲獎無數。寒暑假也留在學校一天14小時無償地幫忙教授做國科會實驗。我非常感恩學校，讓我有機會藉由領取獎學金當生活費，原以為大學畢業後我就可以出國唸書了。但因為妹妹沒有考上大學，媽媽出於疼愛妹妹就把我出國唸書的錢留給她了。

後來我以第一名成績考進中山大學海工研究所，同時間我也考取國中及國小的教育學程，當時母親沒有給我錢當生活費，因為我知道妹妹出國唸書要花很多錢，所以我從來沒有跟父母拿過錢，當時我必須要兼兩份助教才有辦法養活自己，加上課業繁重，我每天做研究實驗到早上五點，睡到八點再去上課，一天只睡三個小時，買個便當中午吃一半放冰箱，晚上再吃剩下一半。感恩名師指點教導有方，我教育學程成績始終名列前茅，最後研究所也以獲斐陶斐獎畢業，出社會後教了兩年書，後來因步入婚姻而暫停了教書。

因為我長時間缺乏與異性互動了解而建立關係，所以很倉促地與僅僅見面四次的男生結婚，自此又是一個惡夢的開始。他患有嚴重的情緒障礙，反社會人格者，我被言語辱罵、羞辱、欺凌、家暴、生命受到威脅，常常被他言語恐嚇與威逼，經帶著孩

子在外面流浪不敢回家，每天活在憂鬱與恐懼當中。因此我失去了左耳聽力、左腳十字韌帶斷裂、乳房長結節、腹膜炎敗血症等，也差點跟上帝去喝咖啡。

父母是虔誠基督徒非常保守，不允許離婚。痛苦的婚姻導致我得了憂鬱症，得到「習得性無助」（相信痛苦一定會來到，選擇放棄採取行動，接受預期的痛苦結果。）我也曾經想過三十多種自殺方式，因為我的靈魂已發出求救訊號。感恩孩子健康存在，使我選擇要活下來，我開始走向身心靈的道路，花了上百萬元去學習各種不同課程。在人生最艱難時勇敢學習去面對，背對恐懼最可怕，當你轉過身去面對時發現其實沒什麼好怕的，與其在等待中枯萎不如在行動中綻放，我後來成為身心靈老師，幫海內外數百人諮商，解決他們人生課題，我的生命故事也療癒了他們，感恩我的父母親，感恩我的先生，感恩我人生每一件事的發生，造就現在的我，我改寫了生命劇本，現在我父親跟我關係很好，先生也變回正常人。

人生的痛苦跟挫折其實是一個彩蛋，它會偽裝成各式各樣的問題，最後讓你拿回你自己的力量天賦和智慧。宇宙看得起你所以給你的功課特別難，同時當你了解自己就可以創造自己想要的人生！莫言說過人要有翻篇的能力，不依不饒就是劃地為牢，這個這世界上其實沒有真正快樂的人，只有想透徹的人，你要相信所有的山窮水盡背後都藏著峰迴路轉。要好好愛自己，生活是自己的，如果一旦發現有人消耗你，傷害你，要及時止損，去內觀自己的意識，還要向前看，不要總是去翻舊帳，只有弱者才會頻繁回頭看，強者都是一路向前奔跑，不要和自己計較，不亂於心，不困於情，活得瀟灑自在。

不知不覺混沌，後知後覺的覺察，當知當覺覺醒，先知先覺超越。地球是地獄還是天堂取決於我們的創造，人生的意義在於活出揚昇高維度的自己，也幫助別人活出豐盛的自己，保持我們的心靈清澈明淨，開悟覺醒後的感動，會讓你覺得一切都值得。

學經歷

學歷：國立中山大學海洋環境工程研究所
身心靈老師：諮商，助人改寫人生劇本。
專長：物業管理、打造自動賺錢機器、助您出暢銷書。
Line ID：vestawang
手機：0908674131

王嘉熙
健康富足找嘉熙，讓你每天笑嘻嘻

　　我出生在台北的一個普通的家庭，爸爸是計程車司機，媽媽在學校裡面工作！由於爸爸跟媽媽工作很繁忙，所以我從小就是在山上和爺爺奶奶一起生活！

　　從小在田裡面、山上到處跑，跟大伯一起去放牛，或是餵豬、養雞……！那時候的我就是一個鄉下的土孩子！直到我要上小學的時候才來到台北跟爸媽一起同住，在那時候我就已經有了兩個妹妹跟一個弟弟！

　　那時的我只會講台語，不會講國語，也不懂注音符號，初到陌生環境，年紀幼小的我很不適應，所以小學時期的成績並不好，也常被親朋鄰里拿來與妹妹比較！我是一個單純的人，慢慢也養成了不服輸與好勝的心理！

　　雖然父母親對我的成績並沒有很要求，但是不服輸的我，在國中時期名列前矛，然後考上建國中學，又以建中第5名，全國第30名的成績考上台大電機系！

　　原本以為會一路走向科技業或是繼續深造，但經歷一次生死的意外之後，我開始走向心靈、靈性與人生意義的追求之路！一路就這樣過了知天命的年紀了！

　　一路幾十年過去了！我已不是過去那個憨憨單純的小孩，也不再是一個目空一切的學霸，我曾經努力深入人群，關懷與協助每個人所經歷的辛苦與快樂！那是一段經濟並不充裕的歲月，但卻為我帶來更多的豐盛與喜悅！

　　40歲時我重新步入職場，也參與各種投資和組織系統行銷！期間起起伏伏，有辛苦艱辛，也曾意氣風發，走過這許多歷程，但是還能讓我保持初心，這完全受益於過去那段自我覺察、探索、突破與服務人群的歷程！

　　人生中有許多的意外以及自己所不能掌控的事情發生，但隨著自我覺察以及生活的歷練，讓我體驗到，當我們掌握了自我內心的方向舵的時候，我們可以過一個精彩豐富而有意義的人生！

學經歷

- 台大電機系畢業
- 組織行銷公司顧問＆特聘講師
- 國際私人銀行融資、百年財富傳承
- 健康、美麗、保養精品
- 補教名師、理財規劃顧問
- 壽險商品規劃、國際商品專案
- 家族信託資金轉移、國外投資移民
- 股票、外匯、數字貨幣投資規劃

林美玉
重燃夢想的火苗，翻轉人生！

　　我來自宜蘭鄉下農村，父母都是沒讀書的鄉下人，養育我們姐弟七人，我排行家中第四。我從小就十分貼心，為體恤父母辛勞。國中畢業後就參加南亞公司建教合作，半工半讀完成高中學業。

　　高中畢業後，就從女作業員做起，因工作賣力被主管認可，很快就晉升為品管驗收員，這是我人生的第一份工作。四年後因為姊姊在當時最知名的聲寶電子公司上班，於是介紹我到聲寶公司工作，從事廠商進貨的窗口。

　　結婚後，我離開原來的公司，在朋友的推薦下，進入壽險界龍頭的國泰人壽工作，在三十年前從事保險工作，是很大的挑戰，從素人一步一腳印地學習，十一年的保險生涯，使我學會不畏艱難、具備勇於開發陌生客戶的能力。四十歲那年因為借朋友支票被跳票，導致原本小康家庭變瞬間負債幾百萬元。當時真是不知道怎麼過來的，但為了三個孩子，我告訴自己再艱苦的日子也要撐下去。

　　感謝主，信仰的力量陪伴我渡過人生最艱辛的時刻，讓我知道如何成為一位勇敢的媽媽，以及成為堅強的女人。在這十年來，我為了翻轉人生做過很多份工作，比別人更加認真工作卻仍然一無所獲，加上這三年疫情的衝擊，我心中對於夢想的火苗幾乎快熄滅了。直到前年2022年12月，好朋友邀約我聆聽智慧型立體學習的商機說明會，讓我心中夢想的亮光重新被點燃。於是我斷然辭去之前的工作，全心投入智慧型立體學習平台的事業。

　　這一年來參與智慧型立體學習平台經銷事業，每季目標設定都在劉執行長策略行銷下突破僵局成長。2023年5月底中國市場第一站北京之旅，讓我們見識到王博士深厚的高端人脈資源，我以身為智慧立體的會員而感到榮耀。2023年11月前往中國金融中心上海開拓出書業務，竟然與目前全中國最有影響力的培訓大師姬劍晶老師達成合作，共同為開拓世界盃出書計畫而強強聯手。

　　我相信，2024年會是我人生翻轉關鍵年，我會全力以赴認真打拼，以月入新台幣百萬元為年度目標，也是對劉執行長、路克老師用心教導我最好的回饋。祝福所有找機會卻仍迷茫的人士，智慧立體將是您最好的選擇。

學 經 歷

- 聲寶公司台北縣的模範員工
- 現為吉翔照相彩色有限公司負責人
- 國泰人壽單件保費1400多萬元

張素真
施比受更有福，人生更豐盛富足！

　　我出生於民國40年代的台灣鄉下農村，童年記憶中煮飯用的是升柴火的大灶，阿嬤有養牛、豬、雞、鴨、鵝等，大家吃飯是用四方桌，俗稱「椅條」的長板凳。那時候的農村非常有人情味，哪一戶人家有婚喪喜慶，村裡的人都會自動幫忙，彼此關心互助，大家感情十分和睦。

　　小時候一家族的人都住在一個農村的四合院中，將近有四十人左右。每逢過年，就是我們小孩最興奮的時光，大伯、二伯都會殺一頭豬，還有自己養的雞、鴨、鵝。除夕夜吃完年夜飯後，最期待大伯發紅包，但是沒開心多久，媽媽就會把紅包收回，告訴我們說要留起來準備開學註冊，我們兄弟姊妹都聽話照做，也不懂反抗。後來我才了解，心理學上有一種叫做「羊群效應」，因為我們都是聽從大姐的意見集體行動。

　　記得我讀小學時，每天要走半個多小時的路程才能到學校，平常還要幫忙煮飯砍柴掃地，農忙時還要幫忙除草、收割、曬稻穀，累得很想逃離這樣的工作，但是還是必須忍耐。心理學「不值得效應」就是反應這種情況，當你越心不甘情不願，你就越無法融入工作，工作也越難有成就感。很感謝一路走來的學習，掌握更多自己及學生的心理狀況，才能更有效地推廣我的教育理念。

　　家中有七個兄弟姐妹，我排行老三，老師及校長夫人從小就鼓勵我要好好認真唸書，長大後當老師有份固定的工作。因為家庭經濟關係，媽媽不想讓我繼續升學，感謝校長夫人的鼓勵以及我同學媽媽不放棄溝通，才讓我媽媽同意讓我繼續就讀高中，

他們真是我生命中的貴人。高中畢業後順利考上代課老師，也認識我的先生，是名遊艇工程師。在我剛生老三的時候，他意外發生車禍，昏迷五十二天後醒來，身體的許多功能及認知能力都喪失了，完全無法工作，必須由我負擔全家生計，人生陷入極度低潮及挑戰。在我堅持不懈的照顧之下，我先生的記憶慢慢開始恢復，可以生活自理及協助家裡事務，只是無法再工作。陪我先生28個年頭後，他因為中風辭世。我退休後轉而從事各項自己有興趣的工作，也努力栽培三個小孩，如今都各自有自己的事業。我慶幸自己能克服生命中的挫折痛苦，逐步邁向豐盛富足。

　　教學生涯三十四年中，曾經碰到一個經常逃學的學生，深入了解後，他是因為心理上的問題缺乏安全感，在我誠心的溝通和了解後取得了他的信任，願意把心中的話跟我分享，成績提升進步後上了國中也會常常回來找我。跟我深切感受到，一個家庭的幸福圓滿會影響到一個小孩的心靈健康與成長。

　　另外一個個案是父母親都是新住民，常常不在家，在畢業前三天逃家，母親很緊張報案後經過春暉專案的申請，將他另行安置，現在和他母親的感情也慢慢恢復了。

　　感觸很多人在困難挫折中無法振作，難以重新開始，究其原因在於已經花費、投入的「沉沒成本」心有不甘，反而越陷越深，無法自拔！這本心理學必讀20金律，絕對能讓自己「知己知彼」，了解許多人性潛規則及為人處世之道，本書闡述了許多我的體驗，也讓我獲益良多，值得您閱讀收藏。

　　兩年前一個偶然的機會，黃光啟老師打電話給我說他現在在從事出版教育事業，可以終身學習，提升自己的各項專業知識能力。我喜歡看書，基於簡單相信，也想支持力挺光啟老師，就加入智慧型立体學習平台成為會員，沒想到半年後，我已經有一個非常大邊的團隊，我開始深入了解並參加168課程。感謝王晴天博士三十年的出版經驗，而且大氣授權劉秝富執行長組建168業務團隊，我感覺真的非常有福氣，能夠跟對老闆，跟對有能力的金牌教練。

　　感謝我生命中的貴人，讓我走入我喜愛的教育事業，幫助學生及喜愛學習的人成長轉變，看見一個個生命的改變，常常讓我內心激動不已，更加肯定「施比受更有福」，幫助更多人成功的同時會讓自己更豐盛富足，我堅信未來的人生將會更加的燦爛輝煌，達成我的心願及目標。

學 經 歷

- 國立臺北師範學院特教系
- 國小教師
- 國小教務主任（4年）
- 家長會總幹事
- 國立台灣師範大學社會教育系碩士
- 國小總務主任（4年）
- 國小學務主任（8年）
- 國小教學與行政生涯共34年

個人專長

- 開辦成人識字教育班
- 開辦教育班與生活適應能力
- 開辦新住民識字教育班
- 開辦閩南語教育課

張素真

掃描上面的 QR Code，加我為朋友。

陳梅香
堅持做個對社會有貢獻的人

　　我是陳梅香，出生在台南靠海邊的鄉下，父親是一名工人，母親並不識字；在家中我排行第二，有五個兄弟姊妹。父親是家族經濟的來源，自有印象以來他一直從事辛苦的勞力工作，母親也兼三份工作；雖然家境並不優渥，但父母非常疼愛我們，他們為家中經濟奔波打拼的身影，始終深深刻印在我的腦海裡。

　　高中時考上第一志願，對於在鄉下就學的我是一大激勵，看到家人為此高興不已，使我更加努力讀書。然而高三那年罹患重病，使我和頂尖大學擦肩而過，我轉而選擇到當時最好的私立商學系所就讀。從未離家的我北漂求學，深知自己不能鬆懈，即使學校位在繽紛熱鬧的西門町，我仍然克勤克儉、專注於學業，然而夜深人靜時，內心總有說不出的虛空。

　　很奇妙，大二時因著學姊的緣故，我認識了主耶穌並成為了基督徒，信仰的轉變使我重新思考人生的意義，因著心中的嚮往我參加了教會的訓練，進一步培養積極進取、熱愛生命和勇於負責的人格；這個經歷為我的人生帶來深遠的影響，我更加努力地追求自己的目標，堅信自己可以成為一個對社會有貢獻的人。

　　進入婚姻之後，由於先生想創業，我便陪伴他一同投入經營。在偶然的機緣下接觸到現做冷熱柔巾機，驚喜於它的衛生、擦拭時的舒適感，同時避免包裝濕紙巾的防腐劑，或是毛巾重複使用不易保持清潔衛生的缺點。1998年本著這樣的初衷和熱忱，我和先生一同開始了冷熱柔巾機的推廣，同年創立「潔適康」品牌，以「清潔、舒適、健康」為出發點，推廣潔適康柔巾系列商品，尤其應用在餐飲、醫療院所。然而，這並不是容易的過程。在這25年的經營過程中，我們面臨了很多挑戰：

　　第一個挑戰是市場的接受度。推廣新產品需要時間、努力和堅定的信念，在業務的開發中，我們首先必須改變餐飲業者的傳統思維，站在對方的角度設想，使業者相信新技術的使用能為他們帶來更大的益處。

　　第二個挑戰是業界的競爭。紙巾機的技術當時在台灣還尚不成熟，為此我們不斷進行產品的研發和改進，確保產品的穩定性和可靠性；一直改良到目前第七代的機器，外型美觀、體積小不佔空間；每台冷熱柔巾機可以在5分鐘內製作100條濕巾，即使是大型宴客也足以應付，做到及時提供最令人安心衛生的服務。

　　第三個挑戰是成本問題。堅持使用純天然、不傷害肌膚且環保的材質製作產品，

使成本反應在價格上。雖然價格相對市場上的替代產品略高一點，但因著更好的材質帶來更好的清潔效果，反而減少使用的數量，進而降低整體費用。我們遇到因成本考量而婉拒的業者，也遇到更多和我們一樣，注重細節、堅持品質的業者，並在使用中提升營業本身的服務形象；這些業者多半富有聲譽、生意興隆，甚至有許多營業場所已經使用了十年以上。

我們秉持推廣高品質清潔環保產品、注重細節、親切服務的一貫事業宗旨。如同「吸引力法則」自然地吸引想要如此環保又能提升企業形象達到對客戶貼心服務的業者。在面臨各樣挑戰的同時，我們仍然努力在品質和服務上一再突破提升。時至今日，選擇我們的業者遍及全台各行各業，包括餐飲業的五星級飯店、米其林餐廳，醫療院所、月子中心、醫美診所、托嬰中心，以及高級貴賓室、私人招待會所等，廣泛的應用讓這個產品也擴展到了一般家庭的嬰兒、老人清潔使用。

當然，沒有一個擴展行動是容易的，面對消費者對價格的敏感性，我們仍然秉持最好的品質，誠摯的傳遞產品的理念；希望提供給大眾最天然、無添加的清潔選擇，同時兼具環保愛地球的價值。雖然過程並不容易，但這些努力逐漸開始取得成效，越來越多的人認同我們的理念，並選擇使用潔適康的產品。

每每聽到使用者給予的回饋，尤其是那些有酒糟肌、過敏肌膚的使用者，我們就更有動力堅持下去；不僅維持使用100%純天然纖維製造的材質，也因應顧客需求開發出各種不同剪裁包裝的產品，讓使用者更加便利。以下是我們收到眾多家庭使用回饋的其中兩則。

★『冷熱柔巾機自己做濕紙巾，算下來比市售的濕紙巾更經濟，在衛生上更安心，而且使用便利，小朋友的各項清潔如擦舌苔、洗臉……等一應俱全，還可再次利用於環境清潔、居家打掃，全家都用得到，真是太划算了！』

★『給80幾歲的媽媽買來擦拭臥床清潔，還可以選擇冷熱，讓媽媽覺得好幸福！』

在歷經了SARS疫情、開發客戶、經銷商及國外客戶的倒帳、原料廠的品質……等困難後，我們非常感恩能走到今天；也深深感謝每一位使用潔適康產品的顧客，正因為有了他們的支持和信任，潔適康才能不斷地進步並為更多人帶來健康和便利。25年的投注，我們盡心盡力負起對環境關懷的責任，也希冀喚起更多人關注環保和健康，一起為未來而努力。

學 經 歷

- 東吳會計系畢業
- 台灣福音書房 會計
- 東吳會計系助教
- 偉士多(股)公司負責人

莊捷安

專業整體造型形象規劃師

透過專業與各類課程，協助學員找到各種場合形象定位，借由打造最優第一印象，營造最專業富有質感的個人品牌。無論是個人或是企業，都能利用專業的視覺傳達呈現最優質的形象。提供各式不同客製化課程內容，以及不同階段進度規劃，更有一對一諮詢，協助每一個人從頭到腳成功打造自我品牌與專業形象。

OH Style 整體形象工作室，是莊捷安顧問於西元 2013 年，自美國好萊塢回台灣所創立的。創立的本意，是希望能藉由老師的專業及經驗，讓每一個人都有優質的個人品牌形象。

許多人在刻意學習後，可以找到合適的外在風格，但往往無法同時讓內心也感到滿意和自在，經過多年的經驗累積，顧問發現如果只專注在外表上的適合，而忽略了每個人內心的感受，個人形象與風格終是無法長久，更沒辦法在打造個人品牌與風格中得到快樂，這種外在的適合，只是另一種藉由諮詢顧問改造後的勉強。

莊捷安顧問致力傳達的美麗與形象，是獨到的美感與創意，不只是讓每個人穿出好看與良好的形象，更重要的是屬於自己獨一無二的好看。人們不應以好看為最高訴求，而是追求屬於自己的獨特風格，屬於自己的好看。追求美不是一件膚淺的事情，追求讓自己活出更滿意的人生，是愛自己的表現。最渴望能讓每一個人看見自己的美，予以發揮，擺脫對於身體的不安與焦慮。不被流行框架，不受身材限制，徹底的做最自在自信的自己。

經過十幾年的經驗洗禮，除了品牌形象外，顧問更致力於協助每一個人展現出個人的靈魂特質。結合喜歡與適合的風格形象，讓人們不需要在兩者之間做取捨。因此顧問重新研發出特有課程內容及授課方式，透過引導，協助每個學員探索內心最渴望被看見的特質，再藉由顧問專業技術及十數年的經驗，將特質轉換成適合每位學員的風格來呈現，有效保證一定能同時兼具喜好與合適。

在企業與品牌上，著重定位所要傳遞的精準訊息，確保受眾能在七秒內獲得品牌核心理念，完美結合藝術上的設計與心理層面的廣告效應，潛移默化地影響受眾，讓品牌可以輕而易舉的與受眾做到視覺談判。在企業與品牌中提供形象訓練，讓每一個代表公司出席的夥伴都成為最好的形象廣告，為公司收穫無價的資產。良好的品牌理念，最好的宣傳莫過於行銷於無形，卻能深深植入大家的潛意識。衣服天天都必須穿，那就一定要讓這件事成為助力不是阻力。

　　顧問獨創的時尚療癒課程，讓每位來上課的學員，都能透過日常衣服的穿搭療癒自己，改善個人風水與氣場。學員藉由學習後，在職場上利用有效視覺溝通做到社交定位，出席場合時充分掌握分寸，及透露各種產業最有價值的特質，最終得到自帶訂單的效果。莊捷安顧問特有的教學方法，讓每位接觸的人都能在短時間學會日常生活中能真正實際應用的色彩學。這套邏輯不只能用在服裝穿搭上，更是推進自己個人品牌與企業形象的最佳武器，風格與和諧的組成70%來自色彩學，掌握一個重點知識，便能易如反掌的做到「透過形象力，提升鈔能力」。

　　莊捷安顧問獨創的色彩學，除了反應在穿搭上外，此套色彩學邏輯還能廣泛應用到軟裝佈置、網頁設計、商品設計等任何需要使用色彩的層面。光是掌握了色彩學的技術，就能改變人生許多層面，如果顏色沒有用處，上天便不會賦予人們分辨顏色的能力，光是看見喜歡的顏色，就能改變一個人的心情，有效使用色彩學，除了可以讓最重要的自己，天天獲得愉悅的心情外，更可以用來為自己為品牌做無形的廣告。

　　OH Style 整體形象工作室的所有課程設計，都專注在給予完整的底層邏輯，不受時間空間的影響，學一次終身受用，無論將來風格與身材或是生活狀態上有任何改變，都能靈活運用，徹底內化整套邏輯，不會落入單元性教學無法融會貫通，上過莊捷安顧問的課，絕對受用終生！

學經歷

- 美國時尚學校FIDM視覺傳達系畢業
- Fashion Institute of Design and Merchandising, Visual Communication.
- 中國文化大學推廣部講師
- 企業內訓講師
- 專業商務場合穿搭講師
- 專業整體造型講師
- 專業形象顧問
- 私人整體造型顧問
- 導購顧問
- 衣櫥造型師

郭曉惠
不甘命運安排，勇於創造自己的人生！

　　1958年出生在中國遼寧瀋陽的一個軍人家庭。因為父母是響應國家號召，棄筆從戎，參加中國人民志願軍抗美援朝，所以當他們凱旋歸國後，國家給了他們很好的待遇，成為新中國第一代空軍！在優渥環境中長大的我，目睹父母的無私奉獻、勤勉工作、熱情助人、虛心好學，讓我從小的夢想就是像父母一樣成為一名職業軍人。

　　然而，我對未來無限美好的憧憬卻被重男輕女的母親無情地打碎了！母親把分到我們家的一個名額讓給了我弟弟，那一刻我彷彿從天堂墜入地獄。而我卻被母親安排到一家軍工廠做工人。

　　當時我不甘心命運的安排，決定自己創造屬於我自己的人生！那時候時中國改革開放恢復高考！我知道只有考上大學，才有可能改變我的命運。於是我白天工作，晚上復習，終於如願！畢業後分配到一家職業學校做講師。後來因為不習慣上台講課，便轉而考上公務員。因緣際會，結識了在台灣工作的先生而嫁到台灣。

　　原本以為可以過著相夫教子的幸福生活。誰知天有不測風雲，人有旦夕禍福。不幸遇上先生中年失業又負債！父母遺傳的紅色基因，讓我勇敢面對困境，擔起為人妻、為人母的責任！毅然絕然地扛起家計。我做過包裝、上過夜班、在家樂福殺過魚、在遠東百貨做過促銷。儘管我晝夜兼程賺錢養家，在我親愛的母親生命垂危、希望我回家見她老人家最後一面的時候，我先生卻跟我說沒有路費！我失聲痛哭～十年打工一場空！於是我決定去菜市場自己經營服飾。長年的風吹日曬，把原本如花似玉的我摧殘得不成人樣！

　　有一天曾經一起打工的朋友來市場看我，她說：「曉惠你臉上的皺紋都可以夾死蒼蠅了！」一句話，讓原本就不愛漂亮的我竟然有心如刀割的感覺。我不希望有一天當我老去的時候，歲月這把殺豬刀把曾經飽經風霜的我刻畫得慘不忍睹！於是我開始尋找一套有效的保養品。後來，有一天我的攤位來了一位陌生客人，我發現她的皮膚特別得好！光滑、細緻、白皙、透亮，簡直就是我夢寐以求的膚質！於是我主動上前詢問：「請問妳是做什麼的？」她說她是做醫學美容的。我說：「妳的皮膚怎麼那麼好，妳用的是什麼保養品？」她說她用的是「生麗」，因為沒聽過，我很好奇地問她是直銷嗎？她說是的。但是我最討厭直銷了，直覺就不考慮，後來我我轉念一想，管它什麼銷，有效最重要！我要的是效果！因為我太喜歡她那張潔淨無瑕的臉蛋呀！於是我

跟她要了一張名片，回到家我就睡不著了，一直在想著她那張臉！

後來我想，雖然我跟她不認識，但是我在她的臉上看到了一個有效保養品的效果，我真的很想試試。於是我主動打電話聯繫她，就這樣開始了與生麗的奇蹟之旅。

果不其所料，我的膚況一天比一天好，甚至皺紋由變淺到消失，引起許多服裝客人的好奇。她們都驚艷於我的改變，原本買衣服的都改成買保養品。同時也讓我吸引到一起做服裝的好朋友，就這樣像滾雪球一樣跟我一起使用生麗的人越來越多。

特別是當我回到大陸，以前的同學鄰居好朋友都以為我去拉皮了。說我比上學時時都年輕，紛紛向我打探皮膚變好的奧秘！那一刻，讓我見證了生麗保養品的神奇！也嗅到了無限商機。回台灣後，我就與最棒的生麗國際簽約了專職專業，認真學習，每會必到、每課必上；積極分享、熱情服務，很快就晉升了最棒生麗國際的美容顧問！帶領一群優秀的夥伴在生麗發光發熱！

經營生麗讓我的人生有了天翻地覆的變化。我沒有想到生麗讓我的收入由原來一年不吃不喝僅賺270,000，到一個月最高收入達到2,800,000；讓我由原來租房到買了人生二間房子；讓不會開車的我，用生麗所得為老公買了賓士，還有幸能環遊世界。

隻身來台、沒有人脈、沒做過直銷的我，竟然在台灣這塊曾經陌生的土地上擁有龐大的組織團隊！生麗讓我從一無所有到一無所缺！這一切都要感謝我生命中的貴人、我們最棒的生麗國際最偉大的創始人、我們最親愛、最美麗智慧、最優雅堅毅的徐鳳娥顧問研發這套專業的美容保養品和保健營養食品，讓我們收穫美麗健康與自信！並精心策劃了一系列的教育課程，讓我們學習成長。感謝我北、中、南一群非常優秀的事業夥伴一路上的支持與相挺！任重道遠。

我們最棒的生麗國際是一家根植台灣22年以專業保養品和保健營養食品為主，只要用擦的可以幫助人們改善臉上暗沉、蠟黃、老化、痘痘、斑點、敏感等所有的問題。所有產品均通過SGS檢驗、安全保證，並榮獲國家品牌玉山傑出企業獎、台灣唯一2021防曬保養品SNQ國家品質標章，獲「女人我最大」節目粉美賞！有需要了解的朋友歡迎與我聯繫！讓您在未來日子裡，比同齡人年輕5～10歲喔！我此生的最大願望：就是用我的人生故事和經驗，幫助那些在人生困頓無助需要幫助的人和想要在生麗實現他們夢想的人，像我一樣，即便遇到一手爛牌，也是要打出一個王炸的美好未來。幫助更多的人創造幸福美好富裕的人生！

電話0981590553

曾衣宸
人脈無限・金牌教練momo

年過半百的我，人生經歷是一個充滿挑戰和成長的故事。我出生於南投縣竹山鎮的鄉村，家庭背景平凡，父母是農夫，小康家庭有四個兄弟姊妹。從小就是個聰明機敏的孩子，是班上的模範生和班長。然而，因為家庭經濟狀況不佳，爸媽勤奮努力工作賺錢撫養四個小孩，而我從小就學會下課先回家煮晚餐，晚上再去學校參加課後輔導，還要帶小5歲的妹妹，無法像其他孩子一樣參加各種課外活動。

父母沒有多餘的錢和時間陪伴我，但他們卻給了我最寶貴的禮物：愛和信心。他們常常鼓勵我要努力學習、追求自己喜歡的事物、不要害怕失敗、不要放棄希望。他們也教導我要尊重別人、感恩生命、奉獻社會。在他們的影響下，我從小就表現出了領導才能和溝通能力。在學校裡擔任過班長、社團長，受到老師和同學的信賴和喜愛。我也喜歡參加各種活動和比賽，透過這些活動，我不但增廣了見聞和知識，也培養了自信心和公關技巧。

高中時期，因家中遭遇財務危機，父母無法支付我的學費和生活費。面對這種情況，我選擇讓哥哥弟妹讀大學，決定靠自己解決問題。於是，除白天上課之外，晚上和假日我就去打工賺錢賺學費。寒假暑假還去紡織工廠工作，輪三班，雖然很辛苦、很累，但是我沒有抱怨或者後悔過，因為這段經歷讓我更加堅強、成熟、負責任。而且，在打工的過程中，我也結識了許多來自不同背景和領域的朋友與老闆，在他們身上學到了許多寶貴的知識與經驗。

高中畢業後在紡織廠品管工作了六個月，這段經驗讓我深入了解品管的精髓，之後嚮往都市生活北上，在忠孝東路四段悅翔珠寶店工作三年半，服務尊貴的有錢人，雖然賣昂貴珠寶，看似光鮮亮麗的專櫃小姐，薪水卻很少，老闆賺錢，專櫃服務人員還需要極度配合滿足客人所有要求，其實跟小妹沒兩樣。後來很幸運地應徵到台灣華歌爾，當了兩年店長後即升任區域主管經理，在這個職位上，我負責管理銷售團隊，展店開發市場，提高銷售業績，負責輔導培訓管理專櫃門市小姐，管理店家銷售業績，百貨公司接洽拍賣檔期與行銷活動。培訓過上千位專櫃門市小姐，服務過上百家百貨門市老闆，在這二十六年間擔任區域經理一職，對公司的業務發展做出了重要貢獻。成績卓越，表現也獲得了公司的認可和讚揚，成為公司內部的傑出業務員之一。

因家人投資停車塔失敗負債千萬，家庭頓時陷入困境，家人財務、感情嚴重破裂，

壓力大到一度想要輕生。但一想到小孩還小，腦海中瞬間有股聲音告訴我：你要振作、不能放棄，我開始做任何能增加收入的工作。在因緣巧合下遇到貴人進入組織行銷行業，因本著我的熱情和親和力，漸漸紓解了家庭經濟困境，從此愛上組織行銷。

之後新冠疫情風暴持續爆發，我投資的公司受到大環境嚴重影響倒閉，導致我的投資血本無歸，人生下半場又遇到危機。所幸「天無絕人之路。」在我最無助的時候，我遇到人生中最重要的貴人，溫世君大哥引領我進入智慧型立体學習平台，邊學習邊賺錢的創新商業模式深深吸引我。我為何要全力以赴在智慧立体學習，首先，貴人引路找到金牌教練劉秌福執行長，有過成功事實，帶領過萬人團隊，我在金牌全能教練劉執行長身上，可以學到領導力、談判力、開發國際市場的寶貴實戰經歷。又遇到學識淵博財力雄厚富爸爸王晴天博士，是兩岸出版家、成功學大師，已經出版二百多種類別的書籍，是我的學習的榜樣。

如今，我已成為了智慧立体商學院院長，有三位金牌教練的指導，像家人般彼此照顧的和諧團隊，加上自己會陌生開發，人際關係學，懂得情感交流找出需求，解決夥伴客戶痛點，短短一年團隊組織收入已經超越以前的年收入，找到發揮舞台並已經又翻轉人生。沒想到人生下半場還能有奇蹟般的美麗人生，真的萬分感激我的貴人溫老師、金牌教練劉執行長、恩師王博士。我堅定相信，只要堅持不懈，改變學習環境，跟對教練，選對團隊，勇敢追求自己的夢想，就能不斷突破自我，我將達到千萬收入的目標，也要帶領相信我們的夥伴完成人生夢想，實現八大領域富足人生。

專業經歷

- 現任智慧立体商學院院長
- 2022年登上直銷世紀雜誌
- 全球自媒體服務聯盟總會顧問
- 全球人脈銀行聯合創辦人
- 歡喜心共享空間 公關長首席顧問
- 國際人脈創業電商專業經理人
- 人脈無限學堂創辦人
- 曾任華歌爾公司區域專業經理

彭莉穎
華麗轉身，人生更精彩

　　莉穎（永井美玲）出生於中壢的小康家庭，在家排行第三，小學低年級前是個大家庭，和二伯家八口人加爺爺奶奶、以及我家六口人，光小孩就十位，每天熱鬧非凡。記得當時父親在日系公司當銷售，後來因為業績優異拿到代理權，經營起小本生意，讓家人們過上衣食無憂的日子。

　　高中時獨自離家北上求學，花花世界的台北讓我大開眼界。當時同學們常約著一起去買日本流行的小物、小飾品，其中日本的明星服裝雜誌深深吸引著我，而有了想去日本留學的想法，於是高二時就和爸爸提出要去日本留學，爸爸扭不過我的要強個性，只好同意。

　　高三畢業後，我如願以償地到日本的東京文化外國語專門學校學習一年半的日本語，考上文化女子大學服裝科系，四年畢業後在日本東京日本橋的和服大批發商就業，我負責的是名品包、珠寶、皮草披肩的精品部門。在這期間和日本人結婚，於1993年生下第一胎，因無法安份待在家裡育兒，正好一個契機讓我有機會做口譯的工作，並且從事口譯工作十七年，這期間還生了第二胎，但我還是繼續熱愛這份工作，直到2012年老大高中畢業、老二還在唸國中一年級就帶著他們回台灣就學。之後來我還是經常出差往來日本工作，因為我知道語言在職場上是加分的，所以我堅持帶小孩回台灣上學及學好中文，兩個孩子也非常爭氣順利完成大學學業並回日本工作。

　　2019年我和朋友合資在桃園青埔開了一家複合式餐廳，生意非常火紅。疫情三年期間大多數店面均因景氣不佳倒閉居多，但我們還是努力維持開店營運，可是租約到期房東不合理地漲租，在與合夥股東商討後，我決定忍痛結束餐廳。當時餐廳的股東們都是做不動產業，所以延續我現在找的工作也是在不動產業，並且是現在最夯的朝陽產業「社會住宅」。

學歷與證照

- 日本語檢定1級
- 日本文化女子大學畢業
- 日本文化外國語專門學校
- 中華民國不動產營業員證照
- 中華民國租賃管理師證照

經歷與專長

- 日中翻譯口譯25年
- 在日司法口譯17年
- 餐廳經營4.5年
- 桃園不動產仲介公會日本會務顧問
- 桃園市好室成家社會住宅租賃管理師

溫世君
掌握命運，一切靠自己努力爭取！

　　在我人生最低潮，家庭經濟陷入困境時，我參加了王晴天博士八大名師的課程，課程中我學習到很多我從前完全沒有聽過的知識，讓我收穫滿滿，體會到學習的重要性，我終於了解到過去自己為什麼會失敗得這麼慘！兩天的課程學習，徹底顛覆我過去的種種想法、觀念，過去自己之所以會失敗的這麼徹底，完全是因為我停止了學習，我以為自己社會經驗豐富，什麼都懂，卻沒有想到隔行如隔山，所以才會失敗得這麼徹底！因為知識的落差就是財富的落差！

　　在加入了智慧型立体學習平台後，我深刻體會到不斷學習、掌握新知識、開拓新視野的重要，由水果大王轉戰斜槓微創業，全力推動終身學習，讓所有喜歡學習、熱愛學習的人，手把手地將自己的成功經驗傳承、複製，我要讓天底下熱愛學習的人，喜歡學習的人，都能夠加入智慧型立体學習這個大家庭。

　　就在我只是大量學習，大量地分享，在一個月之後我的獎金竟然將近二十萬！我真的太高興也太感動了！因為這是我的救命錢！過去為了這個家庭我已經負債了好幾百萬，後來兒子女兒也都加入了智慧立体這個大家庭，透過大量的學習、分享，半年下來，我們已經領了將近百萬了！這簡直就是奇蹟啊！

　　王晴天博士和智慧立体的執行長，為了協助夥伴們快速成長，快速提升，精心策劃了168成功啟動班來協助所有渴望成功的家人和夥伴。課程中會將所有成功的案例、失敗的案例做詳細的解說剖析，也引導所有學員看到自己的優點與缺點，手把手地教授與輔導成功經驗。透過分組競賽、分組演練、分組研習、分組探討、學習分享，智慧立体的種子教官已逐漸培養成熟，所謂來得早不如來得巧！智慧立体學習已經做好萬全的準備，準備立足台灣放眼全世界，致力於推廣協助專業人士、成功人士、老闆、企業家、財經專家……出書。讓大家可以邊學習、邊賺錢、邊創業，歡迎各位有緣人一同加入智慧立体，讓智慧立体長長久久，知識傳播長長久久。

學經歷

- 智慧型立体學習（股）公司首席顧問
- 紫竹林早餐店8年
- 南北水果批發買賣20年
- 台北市交通義勇警察6年

童露
國際演說學院首席執行官

　　我出生於84年10月1日（中國國慶日）甘露寺門前，故取名為「童露」，因為是早產兒，出生那時連毛毯加一起不足3斤重，所有看見我的人都認為這孩子養不活。但我的曾祖母及爺爺堅定地說：「這孩子未來一定會有大作為，與國同慶，同時落地這麼好的地方，這孩子我們要好好的培養。」我爺爺兌現了他的承諾，我自小就深受家人疼愛，一直健康幸福地長大。

　　由於父母常年經商，我是被爺爺奶奶帶大的，上幼稚園時才回到父母身邊。家中有三個兄弟姐妹，我是老大。但我從小在別人眼裡，像獨生子女一樣，因為家裡人很疼愛我，雖然是老大，也很嬌慣，自小就很有自己的想法、調皮，也不是母親心中的乖孩子。叛逆、另類的我，為了不招父母打，我就時常動腦子和父母談判，告訴他們我沒錯，意思就是：我不接受錯誤懲罰，你們不用打我了，結果百談百贏。

　　喜歡談判這件事從這裡開始發起興趣。因為這個興趣，我感覺受益良多，我上學時就在學校和同學談判，只要我看見家庭條件好的孩子欺負家庭不好的孩子，我的正義感就來了，我常常多管閒事，去處理同學之間的糾紛問題，只要我出馬，都能解決。

　　我感覺談判這件事，不僅能幫到自己，還能幫到我身邊的弱小同學，讓他們通過我的談判而不致於被別人欺負，那時我體會到談判溝通十分有意義。由於我這種熱心腸，無形中給自己帶來很多福利，在每年學校選舉班委時，我的選票最多，身兼多職，語文課代表、數學課代表、團支部書記、校組織部長。

　　小時候，我特別喜歡聽父親和別人做生意談判，記得我總是喜歡拿個飛機模型坐在他旁邊聽，當然我母親是不讓我聽的，我母親經常說最多一句話就是，「大人談事情，孩子在這裡聽什麼呢？去別的地方玩」但我就是不去，我媽也拿我沒辦法。有一天父親就問我：「每次爸爸和人談事時，你為什麼喜歡在一旁聽呢？」我想都沒想就回答：「我就想聽，你和別人是怎麼做生意的，為什麼能賺那麼多錢？」父親聽了之後，哈哈大笑說：「你這麼小，家裡有足夠的錢給你花，為什麼會想到賺錢呢？」

　　說起談判這件事，我母親是我人生第一個貴人，因為我在她眼裡，不像弟弟妹妹順從她做事的，所以，我母親就是訓練我談判第一人。後來，隨著年齡增加，家庭環境影響，我認識到說話、談判這件事，比拼命做事更重要。

　　出社會的第一份工作，是上海一家女子美容機構，這個機構接待客群大部分都是富人，那是我開啟人生生涯第一個自我成長的機會。能夠有很多機會與更高層次的人交流，從他們身上我學到很多，成長也很快。

　　時間過得很快，我在適婚年齡結婚，該生孩子的年齡生了兒子。兒子從0~6歲是由我一人親自陪伴成長。那時我的生活不是我想要，雖然我什麼都有，什麼都不缺，在別人眼中超幸福。但那幾年除了兒子是我最大的成績，在我自我價值創造這部分並沒有拿到我想要結果。後來，和孩子的爸爸溝通不了，我主動選擇分開了，那年我29歲。在我離婚之後，我沒有像別人那樣，成天無精打采，我反而告訴自己30而立，人生轉捩點已到來，要持續活出最好的自己！

　　為了更美好的生活，我選擇了創業，2013年我自己從勞務公司做起，因為我的優勢就是談判，勞務公司只要你懂談判，會整合資源，這事就能做成。一年下來成功接了不少訂單，從中也賺了該賺的利潤。

　　2014年我就在思考，與其幫別人對接，我能拿下訂單，為什麼不是我親自來做。於是我調整戰略，擴大經營，還成功談下4億工程的訂單，讓我在同行名氣一下子上升不少。

　　2015年一場重大車禍我僥倖生存，讓我當下覺醒，雖然我沒有任何傷痕，但對我的心靈觸動很大，對人生也有重新的認識。重新思考我活著到底為什麼？我想做一些有意義的事，於是又一次調整我人生戰略，當時我有兩個種選項：一是從事健康產業；二是教育培訓。我經常說我的運氣就超級好，貴人特別多。一個偶然的機會，我有幸認識九華山的副總，他們在合作一家保健品公司，通過一番談判，我就敲定這件事。

　　2017年我和九華集團合作，通過自己及我親自組建團隊共同努力，讓我短短幾個月時間，站在萬人舞臺上拿下《全國最佳潛力達人獎》以及《最卓越團隊領導人》，就在我準備下定決心帶著團隊取得更大的成績時，九華山集團退出了這個項目，理由是九華山自主項目太多，精力有限，忙不了那麼多事。我開始想那我還要繼續下去嗎？

　　正好此時，又一次好運降臨在我身上，上海復旦大學的邀請函送到了我手上，請我去做一個40分鐘的分享，分享創業歷程的收穫和成長。完成分享的那一刻，我腦子裡又產生一個想法：談判和教育不是一家的嗎？那時，就在我心中種下教育培訓的種子，後來，就運用吸引力法則，遇到了姬劍晶老師，一直跟隨到現在。過去我的人生您沒有參與，未來我的人生我們並肩同行，共創輝煌，活出最高版本的自己。

蔡明發
穩賺不賠的投資就是學習！

　　平凡的我出生於台南，在嘉義成長。中學時期非常幸運地遇到一位英文啟蒙老師，教了我一套超高效率的獨門秘笈，讓我的英文學習全程綠燈，一路超級順暢，大學聯考以99分，幾乎滿分的高分擠進大學窄門！進入社會、開始工作後因為英語能力好，經常代表公司到世界各地參加展覽，洽談各種尖端科技的、全新醫學儀器的代理權，傳遞最新科技的精髓，以提升國內醫學水平！身懷英語技能，使我做起事來得心應手！所以，大家一定要重視自己的語言能力！英文好，地球10倍大，賺錢百倍多，成就千倍大！能力是你可以隨身攜帶，小偷偷也偷不走！我非常樂意將這個價值連城的精通美語秘笈免費傳授給每一位想說一口字正腔圓的美語的有緣人！

　　工作期間我還另外到處花大錢去學習金融思維、財富商數、管理風險，以提升賺錢效率！向十幾位全球頂尖大師學習其融會貫通、深入淺出精萃出的：地表最強的財富商數！協助周圍朋友提升思維、改善經濟狀況！受益超過千人以上！這套超強的財富商數，我也會免費跟任何有興趣的有緣人結緣！免費教會每個人用最高的效率賺錢！一輩子不缺錢！幸福快樂到永遠！記得！要加我的LINE好友才有機會免費學習！保證學會！

　　退休後，我到處聽課、學習，非常幸運地遇見了我生命中的貴人溫老師，受他的邀約成為智慧型立体學習平台的會員，學習了許多超值的課程！例如：打造自動賺錢機器、易經算命、如何精準網路行銷？如何經營管理公司？如何向政府申請補助？如何眾籌？什麼是元宇宙？什麼是區塊鏈？連最新的當紅炸子雞ChatGPT……幾乎都學會了，卻只需非常少的學費，真是太物超所值了。本書就是我將最近幾個月在智慧型立体學習平台所學到的學問、智慧整理而成！眾志成城，成就一番精彩的好事！

發明蔡~一輩子不缺錢的秘密
中國廣東 臺北市

掃描左邊的 QR Code，加我為朋友

蔡明發 的 LINE ID 是 rich8833
蔡明發 的 微信 ID 也是 rich8833
歡迎 加好友方便問任何問題！

加我好友可以：
免費學會說一口 字正腔圓的美語
輕鬆精準地記住每一個常用單字
精妙地學會地表最強的財富商數
保證完全免費學習；保證絕對完全學會

學 經 歷
- 國立海洋大學 電腦資訊工程系畢業
- 美商柯達公司技術工程師
- 南榮醫學儀器有限公司執行長
- 超強美語能力、 超強財商智慧
- 縱橫商場 30 年、環繞地球 30 圈
- 頂級財商智慧學院創辦人

鄭向恩
沒有起步本錢但可以有學習的本事！

　　我是鄭向恩，出生於屏東鄉下，父母都是務農，排行老大，有四個兄弟姊妹。父親是家中經濟來源，但父親脾氣很差，從小是在打罵的環境中長大，自小我就想出人頭地，所以努力讀書，但並不是很順利，高中總共讀了五年，那時我努力找尋人生的方向，不知人為何而活，一直到結婚生子，還是沒有找到答案，苦苦追尋，終於在山達基教會尋找到我的人生方向，為自己的生命帶來生機！

　　自高中畢業後，我就一直想要創業，那時沒有背景跟本錢，但我有滿腔的熱血，所以投入組織行銷學習，邊學邊做，也把家人帶進事業裡面，和家人一起成長。那時的我雖然沒有起步的本錢，但是我有學習的本事，經過幾年的經營，年收入突破五百萬，當時覺得很滿足了，而萌生退休之意，會覺得想要退休是因為遇到人際關係不會處理，不知道如何真正去複製，所以想創建系統，在創系統的過程中，我生了場大病，事業也因此暫停發展，但是我的內心是不放棄的，開始了自我成長的一連串挑戰。

　　回想所經歷過的一切，直到生病我都沒辦法停下來，為何會突然生病？到底是怎麼一回事？一個噴嚏讓我瞎了左眼，我想要追求生命的力量、生命的成長，但是它需要花錢，而且是不少錢，所以我遲遲沒有下決定，重點是我還不知道是我自己在阻擋自己。感謝教會裡的朋友協助我，讓我能面對自己的狀況，當面對了之後，我開始一步步解決問題，經過這幾年的個人成長，我知道自己因為害怕而沒有在行動。面對問題，要麼變得強大，解決它，要麼變得堅強，無視它。但當我達成階段性的成長之後，我明白我可以主導自己的人生，只有讓自己變得更強，才能活得精彩！感謝教會裡的朋友！

　　怎麼想，怎麼得！好事壞事都會成真，但是有一樣就是──情緒高好事成真，情緒低壞事成真。情緒就是一般我們說的能量，那麼如何持續保有正向的高能量呢？我們太容易被環境裡的種種搞到快發瘋！而這本《啟動人生新格局的20個心理學金律》將告訴你解決方法。

格言：要先相信，才會發生！世界上最強的力量是相信！

學 經 歷

• 向恩生技創辦人　　　• 組織行銷培訓講師　　　• 山達基教會慈善家　　　• 智慧立体出書經理

盧錫琳
潛能的發現是一生的旅程

　　盧錫琳祖籍浙江省東陽縣，排行老三，是家中第一個台灣出生的子女，出生地花蓮糖廠，家境小康。父親是於臺灣光復後，因是土地測量工程師而來臺從事土地測量工作，常因工作因素上山下海十分辛勞，兩位姐姐北上工作，身為老三的我便需要幫忙洗衣服買菜做家事。母親曾經營小雜貨鋪以貼補家用，但因父親好客總是很大方的拿店鋪裡的商品去送人，以致家中收入未見成長，於是母親毅然停止經營，致家境日窘未見好轉，待子女長大開始工作後才逐漸好轉。大學時期熱衷參與社團如女聯會插花及手工藝製作，校外參訪社會救濟等熱心公益，校內擔任女聯會幹事之一，行政學會總幹事，接著榮任班聯會總幹事，在教官指導下，舉辦校外參訪活動，最難忘的是康樂股是僑生，請到了美國學校搖滾樂團歌舞帶動禮堂全場嗨翻天。

　　個人在學期間因早期接觸宗教信仰且興趣廣泛，對健康及身心靈領域皆喜涉獵，學校課程亦學習心理學，舉凡超心理學、潛意識、人格發展、心理學與醫學、冥想，前臺大校長李嗣涔教授的超心靈活動均熱衷參與，現代量子及能量產品亦積極了解，國外管理大師彼德·杜拉克、心理大師佛洛伊德類理論……等，一方面是興趣使然一方面亦職場上所需。

　　因熱心宗教，人生規劃提早退休。退休後仍喜愛線上線下實體課程及熱心公益，因此受中醫老師林博士國華邀約成為國際同濟會大道會創始會員，從事國際社會服務及關懷弱勢兒童，捐血反毒是常態重點活動，現已邁入第六屆，經歷會員、顧問及現任監事。因緣際會認識貴人人脈達人曾衣宸老師，有機會參加智慧型立体168世界大師商學苑，認識國際級培訓大師如姬劍晶、許伯凱、陳安之、顧及然、王晴天、陳又寧、黃千碩、陳易、杜云安、杜云生、臧正民、劉秝福、路守治等，擴展了我的知識領域、格局及對社會上的使命感。

　　目前主要受教智慧立體168世界大師商學苑，致力推廣教育培訓終身學習，建立專屬IP出暢銷書，打造形象，建立品牌，推廣公益贈書活動，自然而然斜槓創造了邊學習邊賺錢的環境，以及進步祥和社會，願與大家共勉之！

學 經 歷

顯示或發送行動條碼來加入
電話：0983613505

微信：0979351768

• 國立中興大學公共行政系畢業 • 國際同濟會大道會顧問、監事
• 國際微循環健康促進協會諮詢師
• 電話：0983613505、0979351768　　• Mail:b0983613505@gmail.com

謝宗龍
真誠相處相待，俯仰無愧於心。

　　我是一名職業軍人，職業生涯以來除了軍事任務以外，更兼具了對年輕戰士、青年學子的心理諮商與輔導，扮演稱職的「張老師」神聖角色。此期間挽救了珍貴的生命、為軍中提升了戰力、為教育培養了可塑造的人才。不居功、不諉過猶如建築材料混凝土中的水份，功成身退、不留痕跡，解甲退伍歸於平凡，回顧以往歲月不負國家栽培與神愛世人的精神永銘心中！

　　退伍之前即為準備中醫師檢考、特考進修多年，退伍之後在明醫中醫聯合診所擔任行政兼傷科主任兩年。政府開放大陸同胞來台觀光旅遊之際，轉而投身旅遊產業先後擔任領隊、導遊與規劃行程與團控執行長的工作。由於自小成長於國軍眷村生活、熟識中華傳統的民情文化、兩岸歷史情懷、外加說唱逗笑的才華，在海峽兩岸的觀光旅遊、商務及學術參訪交流的工作中遊刃有餘，獲得多方肯定而榮獲中華民國觀光局94年傑出導遊獎。民國97年7月4日海峽兩岸旅遊直航首發團來台是兩岸幾十年以來最大盛事。大陸組團社皆派出金牌領隊，台灣地接社遴選王牌導遊應陣，兩岸多家隨團採訪主要媒體全程追蹤採訪報導好不熱鬧。觀光局全面彙整大陸旅客意見回饋，本人榮獲傑出最佳導遊六人之首。更榮獲大陸中央電視台邀請至北京以及中天電視台專訪報導，在第二職場工作更是成功地扮演了傑出的國民外交角色。

　　綜觀在軍旅生涯的體認，軍中是一個全面社會的縮影，更甚於一般社會型態的特殊、困難的複雜性。對於領導統御之術、權責劃分、臨機應變、危機處理、鐵的紀律、人性管理亦絕非僅靠威權即能有效管理。其中的人為因素、官士兵的心理層面才是關鍵重點。領導者必須要有完備的人格特質、誠懇的態度、健全的心性始能完善處理許多深藏於內、行諸於外的一切有形無形的各種內涵，而完成統合戰力的目標，這絕非是常人所能勝任的工作！個人自忖在過往的軍旅生涯之中，算得上是鞠躬盡瘁稱職的中華民國優秀的革命軍人。事蹟過往雖不足以留名青史，然而受惠於我的戰士與學生皆能感念我的照顧與教導而成為有為有守的人才，吾心甚感欣慰也不負國家的栽培與聖經的教導，特將此一切榮耀歸於全能的上帝！

學 經 歷

- 政治作戰校二十三期（六十六班）外文系畢業。
- 軍中資歷含軍訓教官二十八年（曾任必要經管職務、心戰電台播音員、心理輔導官、反情報官）、音樂教學工作、詞曲創作與表演、活動主持人、婚禮歌手、明醫中醫聯合診所傷科主任、保險業務員、領隊導遊及旅遊規劃、房仲業務員。
- LINE ID：santiago3191　　　• 微信 ID：santiago3191
- 臉書：https://www.facebook.com/profile.php?id=649724646

繆繁紅
生活就是奮鬥，勇於攀登才能創造輝煌。

我是繆繁紅，出生於江西省上饒市玉山縣，從小嚮往台灣，在一次偶然的機緣嫁到了寶島台灣。初到台灣的前幾年，人生地不熟經濟拮据，為了生計同時兼職幾份工作。後來孩子出生後，使我生命中多了一份甜蜜負擔，為了孩子工作也更加有動力。在經歷幾年的工作奮鬥，我的生活條件也得到很大的改善，體會到生活就是奮鬥，只有經歷過辛苦的人，才更能以同理心體會他人，也只有勇於攀登，才能持續創造輝煌。

在2014年我參加了中華婦女聯合會的系列活動，在眾多姊妹們的認可下推舉我高票當選了中華婦女聯合會的副理事長職務，感謝中華婦女協會先進們的栽培使我學習成長許多，也感謝姐妹們的認可，使我可以帶領姊妹們走出自己原本的小家庭，進而融入到社團的大家庭。一方面透過婦女會開啟了每位姊妹們的心靈視野及格局，另一方面透過姊妹們的參與及動員活動，讓協會更加成長茁壯，也成為姐妹們強而有力的靠山。

後來我加入統一促進黨，從基層黨員學習服務大家，經歷幾年的付出受到肯定，投票表決後遴選我成為統一促進黨中央執行委員，也感謝統一促進黨張安樂總裁讓我有這個機會，為兩岸和平統一做出一些貢獻，感謝我家鄉江西省玉山縣市國台辦幫我推薦陸配委員，感謝一路以來我老公林清良先生一直支持我，讓我可以全力以赴地對兩岸和平統一貢獻出自己微薄力量。2023年我也參加了世界旗袍獅子會擔任理事，響應公益活動、服務廣大人群。

我喜愛在社團中付出，在社團的體驗和感受形成責任觀念，也獲得能力的成長、情緒管理的學習，從自主走向互賴、建立自我肯定，以及目標的完成，這些都是從事社團服務中得到寶貴的收穫。

如今我也願意秉持過去的服務熱忱，協助每位好朋友寫出一本屬於自己的暢銷書，來打造個人品牌IP，是我覺得目前人生中最有意義的一件事。

我老公林清良是在做房屋及土地買賣經營數十年，有需要買賣房子及土地的朋友可以來找我。我們還有一份事業是進口地板材料，希望開建設公司的老闆及設計師裝潢公司的老闆，若有需要可以聯絡我，我們價錢公道深得消費者喜愛。

學 經 歷

• 中華婦女聯合會副理事長　　• 統一促進黨中央執行委員

嚴家琳

做才有機會，不做機會永遠是零。

　　我生於一個小康家庭，父親是一名木工，辛苦養育一家六口。母親是個勤儉刻苦的客家人，全家大小事情一手包。父親因為自幼只讀幾年私塾，深以為憾，母親雖然小學成績很好，但因身為長女，必須外出工作幫助家計，沒機會繼續求學。父親只有一個願望，只要孩子能夠念書，不管男女全力支援。四個孩子中，只有我念到大學畢業。

　　畢業工作數年結婚生子，至第三個孩子出生後，辭職在家當全職家庭主婦，專心照顧孩子，因為孩子的成長只有一次，錯過了就沒機會彌補。在老三小學五年級時，有幸選上學校家長會會長，從一個純家庭主婦走進教育界，當了兩年會長。那時剛開始開放教育，有許多學習機會，因而開啟人生另一片天空，之後加入家長團體聯盟，擔任一年秘書長職務。先生看我這麼熱愛學習，建議我考研究所，但我覺得社會研究所更有趣。

　　很多事冥冥中似已安排，該你走的路遲早都要走一回。五十六歲時因為電影讀書會老師鼓勵，鼓起勇氣居然考上師大研究所，並順利拿到碩士學位。先生欣喜要我到大學教書，我又搖搖頭，因為我為學習而學，只想了解研究所有什麼不一樣學習模式，根本沒想去學校任教，先生的頭搖得更厲害，不明白我腦袋在想什麼？

　　從小喜歡自己動手，因為一個機緣重拾勾針、棒針開始打毛線，因為讀書會校長推薦，到小學申請毛線編織課後社團，一教就是十二年。教學過程中特別關心落單、怯懦的孩子。我會讓他坐在身邊，耐心地手把手一針一線教導與鼓勵。通常這樣的孩子平常很少被稱讚。所以只要完成作品，我一定大大誇獎。只見孩子眼神一亮，露出難得微笑，小聲地問我：「老師，下一個要做什麼？」

　　又是一個機會將毛線編織的興趣變成事業，但是對一個六十六歲不懂商務的小白來說，直是一頭霧水難上加難。感謝老天特別厚愛我，讓我接觸到「智慧型立体學習事業」，不但有很多學習機會，更棒的是還有貴人相助引領，如王晴天董事長、劉秌福執行長及唐子林教育長，讓我有勇往直前的勇氣。

　　人生是一個階段一個階段不同選擇，夠渴望、夠努力、找到方法、找到好教練，夢想就在不遠的前方。

學 經 歷

・國小家長會長　　・家長團體聯盟秘書長　　・兩岸百強講師　　・毛線編織老師

209

周馥貞
民以食為天，人命關天

緣起：我到大陸義烏講解周易及推廣素食，經由師兄姐的介紹，而認識了雨花長老的大弟子大行法師。被雨花長老的精神感動，經由大行法師口中得知台灣沒有雨花齋。我回到台灣即將原本的五多蔬食餐廳改造成台灣第一家雨花齋。我們三峽雨花齋，沒有設立功德箱，也沒有對外募款，也沒有接受贊助。非常非常地感恩立法院王金平院長的鼎力贊助，成為大股東。三峽雨花齋五年來每天中午免費供應五菜一湯。我們曾創下了一餐700多人來用餐的紀錄。

三峽雨花齋免費素食餐廳，最高紀錄一餐曾經煮給10,000人享用免費的午餐。我們的口號是「每週一餐素環保加速度，每日一餐素環保更快速」，體內淨化，體外環保，我們提倡吃素就是餐桌上的放生。

易經講到天道、地道、人道、在人道，道就是生命，生命就是「精氣神」，古人造字「精」左米右青，告訴我們吃米加青菜才有食物的精華，食物的精華就是用來聚精會神（腦神），返精補腦（活化腦細胞）開智慧。所以開智慧、養生之道：一、調飲食；二、調呼吸（八卦週流運呼吸，古今能有幾人知，愚人紙上尋大道，誰知大道在坎離）周易八卦學院就是在教導飲食之道及呼吸之功法。

所以吃素可以神清氣爽，不僅身體健康智慧大開，長養慈悲心，上天有好生之德，我們應效法天之德，因有德者必有福，有福者必有財，以財養道，祈願大家都能走在人生的光明大道。

三峽雨花齋免費素食餐廳
地址：新北市三峽區介壽路三段201號（面對萬坪草原）預約專線：0982-906-794

學 經 歷

- 梅山國小　　・宏仁女中　　・嘉義高商　　・勤益工專　　・中華崑崙仙宗道功研究會
- 三峽雨花齋　・周易八卦學院　・大溪開心農場　・竹東熊有福古道山莊
- 聖力達生物科技有限公司　・聖力達宗教用品興業有限公司

周易八卦學院

超臨界CO₂萃取精華

小小滴丸立大功。

高濃縮
專業超臨界CO₂萃取技術，濃縮自然精華

高效
保護營養免於消化酵素破壞，高效吸收

高純度
常溫萃取不破壞營養，保留珍貴成分

速效
舌下吸收的效率可達80%以上，快速有效

高準確度
食用滴丸就能準確擷取有益健康的營養精華

攜帶方便，隨時食用
包裝輕巧，不佔空間

【緣起】

我先生在39歲壯年時遭遇了生命中的嚴重危機。由於公司生意興隆，常忙到廢寢忘食，在日夜趕貨下身體最後垮了，蹲下去就站不起來了。到醫院檢查後，發現喉嚨長出了一個不明的腫瘤並且連帶腎衰竭，生命岌岌可危。他將遺書寫好、堅持不接受洗腎治療。他，選擇將生命重來。

就在不久後，一位出家師父送了一本崑崙仙宗拳劍秘錄給他。在無師自通下，不斷精進。三個月後，一股真氣從湧泉穴啟動周流全身，所有的病竟然都不藥而癒。從那一刻起，他開始每天打坐禪修，20多年來不間斷，看起來比實際年齡更年輕了許多，甚至在65歲還增高了兩公分！

他的修行帶來了不可思議的能力，竟然可以在短短10秒內，從一個人的眼睛看出全身的狀況，並幫助許多人。也因此成立(聖力達生物科技)。並且，從西德引進了超臨界的萃取技術，能夠讓營養精華從舌下吸收，不被胃酸及消化酵素破壞，直到細胞完全吸收，藥食同源的理念，可直接利益更多的人。

現在我先生吸一口氣可唸心經一又二分之一部才換氣，呼長吸長，命就長壽，氣血暢通，百病消除。我們更將這套呼吸的功法免費分享給大家，希望有緣人、有心人都能擁有健康的身心。

小藍莓
明亮潤澤
○ 180粒裝

紅薑黃
代謝推進
○ 180粒裝

木鱉果
茄紅素No.1
○ 180粒裝

枸杞
β胡蘿蔔素
○ 180粒裝

牛樟芝
臺灣國寶
○ 180粒裝

竹薑
溫煦防護
○ 180粒裝

黃耆
增強體力
○ 180粒裝

四物
傳統漢方
○ 180粒裝

人蔘
滋補養身
○ 180粒裝

紅花
幫助睡眠
○ 180粒裝

良好的健康與幸福因此獲得的愉快情緒，是幸福的最好資金。
——斯賓賽《教育論》

日光菩薩日放千光遍照天下普破冥暗

【藥師法門】

藥師佛發十二大願，令諸有情所求皆得。眾生因為多生累劫的輪迴，造種種惡因以致今世的種種苦厄、病苦、窮苦…的求不得苦，皆因累劫冤親大德的障礙。藥師佛所發第二大願….焰網莊嚴過於日月幽冥眾生悉蒙開曉，隨意所趣、作諸事業。也就是我們多生累劫的冤親大德得以超度往生三善道。

修藥師法門：一、必須讀誦藥師經，思維其義為人演說開示才能求長壽得長壽，求富饒得富饒，求官位得官位，求男女得男女…居士大家多饒財富、倉庫盈溢，也就是有財還有庫，財庫具足。二、必須點光明燈破無明開智慧，有智慧就能除世間的一切憂悲苦惱

指引人生大道的明燈！
真理指引の知識服務

真永是真

- 跨時代 ☑
- 跨領域 ☑
- 融匯古今 ☑
- 中西互證 ☑

「**真永是真**」人生大道，條條是經典，字字是真理！王晴天大師率智慧型立体知識服務團隊精選 999 個真理，打造「**真永是真**」人生大道叢書，每一個真理均搭配書籍、視頻、課程等，並融入了數千本書的知識點、古今中外成功人士的智慧，全體系應用，讓你化盲點為轉機，為迷航人生提供真確的指引明燈！

①	1 馬太效應	② 2 莫菲定律	③ 3 紅皇后效應		
②	4 鯰魚效應	⑤ 5 達克效應	⑥ 6 木桶原理		
③	7 長板理論	⑧ 8 彼得原理	⑨ 9 帕金森定律		
④	10 沉沒成本	⑪ 11 沉默效應	⑫ 12 安慰劑效應		
⑤	13 內捲漩渦	⑭ 14 量子糾纏	⑮ 15 NFT與NFR		
⑥	16 外溢效果	⑰ 17 檳鈴原則	⑱ 18 元宇宙		
⑦	19 零和遊戲	⑳ 20 區塊鏈	㉑ 21 第一性原理		
⑧	22 二八定律	㉓ 23 Web4.0	㉔ 24 催眠式銷售		
⑨	25 破窗理論	㉖ 26 蝴蝶效應	㉗ 27 多米諾效應		
⑩	28 羊群效應	㉙ 29 長尾理論	㉚ 30 AI & ChatGPT		
⑪	31 天地人網	32 168PK642	㉝ 33 路徑依賴法則		
⑫	34 預期成本	35 創業SOP	㊱ 36 聚光燈效應	……共 999 篇	

333 本書

影音視頻

999篇真理

課程演講

Mook 專書

真永是真

真讀書會 生日趴＆大咖聚

真讀書會來了！解你的知識焦慮症！

在王晴天大師的引導下，上千本書的知識點全都融入到每一場演講裡，讓您不僅能「獲取知識」，更「引發思考」，進而「做出改變」；如果您想體驗有別於導讀會形式的讀書會，歡迎來參加「真永是真‧真讀書會」，真智慧也！

2024 場次	2025 場次	2026 場次
11/2（六）	11/2（六）	11/7（日）
13:00~21:00	13:00~21:00	13:00~21:00

📍 地點：新店台北矽谷國際會議中心
（新北市新店區北新路三段 223 號捷運大坪林站）

立即報名

★ 超越《四庫全書》的「真永是真」人生大道叢書 ★

	中華文化瑰寶 清《四庫全書》	當代華文至寶 真永是真人生大道	絕世歷史珍寶 明《永樂大典》
總字數	8 億 勝	6 千萬字	3.7 億
冊數	36,304 冊 勝	333 冊	11,095 冊
延伸學習	無	視頻＆演講課程 勝	無
電子書	有	有 勝	無
NFT＆NFR	無	有 勝	無
實用性	有些已過時	符合現代應用 勝	已失散
叢書完整與可及性	收藏在故宮	完整且隨時可購閱 勝	大部分失散
可讀性	艱澀的文言文	現代白話文，易讀易懂 勝	深奧古文
國際版權	無	有 勝	無
歷史價值	1782 年成書	2023 年出版 勝 最晚成書，以現代的視角、觀點撰寫，最符合趨勢應用，後出轉精！	1407 年完成 勝 成書時間最早，珍貴的古董典籍。

" 「真永是真」人生大道叢書，將是史上最偉大的知識服務智慧型工程！堪比《四庫全書》、《永樂大典》，收錄的是古今通用的道理，具實用性跨界整合的智慧，絕對值得典藏！ "

更多課程請洽（02）8245-8318 或上 silkbook○com www.silkbook.com 查詢

新‧絲‧路‧網‧路‧書‧店

全球最高端的演講，
一次都不能錯過！！

〔真永是真·真讀書會〕知識型生日趴，由王晴天博士主講時下最新
應用真理與前端趨勢，每次所講的主題與書種均不同，內容絕不重複！
並廣邀領袖大咖與會，有機會與各界權威大咖面對面交流，
是您一定不能錯過的知識饗宴！

尊爵VVIP
無限卡

真永是真，讓您獲得不斷前進的原動力。
邀請您一同追求真理、分享智慧、慧聚財富。

權益說明

* 憑此卡可永久參加真永是真高端演講相關活動，享受
  尊榮級禮遇並入座貴賓席。
* 本卡為無記名限量卡，活動主辦方「認卡不認人」，
  請務必妥善保存，遺失不補發。
* 憑此卡購買真永是真高端演講活動推薦課程，可享九
  折優惠折扣（但不可再與其他優惠合用）。
* 相關優惠興權益，若未依規定出示本卡恕無法提供。

真理恆永長存

2024 場次	► 11/02 (六) 13:30～21:00
2025 場次	► 11/08 (六) 13:30～21:00
2026 場次	► 11/07 (六) 13:30～21:00
2027 場次	► 11/06 (六) 13:30～21:00
2028、2029、2030…… 保證持續 20 年

★ 持本無限卡即可免費入場，並享有頂級 VIP 貴賓之禮遇

欲知詳細資訊，請上新絲路官網 silkbook○com 查詢或撥打專線 02-8245-8318。

持有「真永是真VVIP無限卡」
者可往後20年參加真永是真高端
演講相關活動，享受尊
榮級禮遇並入座VIP
貴賓席。

掃碼購買立即擁有 》》》

高階人脈
各界大咖匯聚，分享獨
家心法，讓你提早進入
黃金人脈圈！

高端演說
向王晴天大師取經最新
趨勢，還能一次領略上
千種書的人生至理！

精緻午茶
王晴天大師的生日趴上
，一邊享用精緻茶點，
一邊提升自我軟實力！

一次取得永久參與「真永是真」頂級知識饗宴貴賓級禮遇，
為您開啟終身學習之旅，明智開悟，更能活用知識、活出見識！

更多詳情請撥打客服專線02-8245-8318 或上 新·絲·路·網·路·書·店 silkbook○com www.silkbook.com